THÉATRE

DE CAMPAGNE

THÉATRE
DE CAMPAGNE

SIXIÈME SÉRIE

AVEC

UNE PRÉFACE NOUVELLE DE M. ERNEST LÉGOUVÉ,

DE L'ACADÉMIE FRANÇAISE

H. BOCAGE — E. CEILLIER — CHARLES CROS
PAUL DELAIR — PAUL DÉROULÈDE — E. DESBEAUX
ABRAHAM DREYFUS — PAUL FERRIER
E. D'HERVILLY — E. JOUAN — E. LEGOUVÉ
A. SÉGUIN — LE COMTE SOLLOHUB — E. VERCONSIN

Deuxième édition.

PARIS

PAUL OLLENDORFF, ÉDITEUR

28 *bis*, RUE DE RICHELIEU

1880

Tous droits réservés.

LETTRE-PRÉFACE

Comment, mon cher Monsieur Ollendorff, vous voilà à votre sixième série ! Savez-vous que je serais tenté d'être très fier de ce succès obtenu par mon idée d'un *Théâtre de Campagne*, si je ne vous en rapportais justement le principal honneur ? Vous rappelez-vous comme j'ai tout fait pour vous détourner de cette publication ? Vous l'avez créée malgré mes avis, et, pour la faire réussir, il n'a pas fallu moins que votre aimable et cordiale sympathie, qui a su associer à votre tentative, et grouper autour de votre œuvre, tant de noms divers et de talents différents. Un poète tragique comme Henri de Bornier, un poète élégiaque comme Theuriet, un poète humoristique comme Alphonse Daudet, un romancier délicat et raffiné comme Gustave Droz, marchant côte à côte avec

Labiche et Gondinet, Meilhac et de Najac, Abraham
Dreyfus et d'Hervilly, le comte Sollohub et Charles
Edmond; j'en passe... et des meilleurs! Aussi, non
seulement la plupart de vos pièces ont été jouées à la
campagne et à la ville, dans les salons et les châteaux,
mais plusieurs sont montées sur de véritables scènes,
et y ont figuré avec honneur : La Comédie-Française,
le Palais-Royal, le Vaudeville, le Gymnase, le théâtre
de la Tour-d'Auvergne, ont fait bon accueil à *Volte-
Face*, aux *Convictions de Papa*, à la *Soupière* sous
le nom de *Bibelot*, à *Paturel* sous le nom de *Lo-
lotte*, à *Sa Canne et son Chapeau*, à la *Fleur de
Tlemcen*, à *Autour d'un Berceau*, à *Avant le Bal*,
et je vous annonce que vous allez avoir les honneurs
de la traduction, et que *Ma Fille et mon Bien* se
répète sur un théâtre de Vienne.

En vérité, il y aurait un joli livre à faire sur la part
que les éditeurs ont dans le talent des auteurs.

Un éditeur comme Hetzel, par exemple, ressemble... Que va-t-on dire de ma comparaison ?...
ressemble un peu... de loin... à Socrate. Socrate ne se
nommait-il pas lui-même un *accoucheur d'esprits* ?
Que faisait-il, quand il se promenait par les rues
d'Athènes, et engageait l'entretien avec tous ceux
qu'il rencontrait ? Il les sollicitait à penser, à pro-
duire, à se connaître; il tâchait de faire jaillir de leur

intelligence ce qu'elle renfermait sans le savoir, il les aidait à être *tout eux-mêmes !* Eh bien...

> *Si parva liceat componere magnis...*

Pardon du vers faux : eh bien, si tous les écrivains édités par Hetzel racontaient ce que son active et féconde initiative a tiré d'eux, on verrait combien d'œuvres délicates ou fortes sont sorties, grâce à lui, des limbes de la gestation intellectuelle.

Vous me semblez, mon cher Monsieur Ollendorff, vouloir le prendre pour modèle. Je vous en félicite grandement ; et je suis heureux de répondre encore à votre appel, en vous envoyant ce dialogue que vous m'avez demandé, et qui a peut-être un petit côté de nouveauté utile dans votre collection.

On joue, ou l'on récite souvent dans le monde, des fragments de pièces de théâtre ; mais il arrive parfois, que ces morceaux ne donnent à l'auditeur qu'une satisfaction incomplète. Ils ont quelque chose de tronqué, qui nuit à l'intérêt et à la clarté. On y regrette un commencement et une fin.

Le dialogue de Marthe et de Suzanne a, j'espère, l'avantage d'être un fragment qui forme un tout. Pourquoi ? Parce que ce fragment est le développement complet de la petite idée exprimée dans le titre : *L'agrément d'être laide.* C'est le pendant de la pièce

de vers de Mme de Girardin : *le Bonheur d'être belle.*
On peut sans doute deviner autour de ce dialogue une
histoire, mais il me semble qu'elle ne manque pas. Du
moins, ai-je lieu de le croire, d'après l'expérience que
j'en ai faite. Personne, après y avoir entendu Mlle Delaporte et Mlle Baretta, ne m'a dit : comment cela
finit-il? Il est vrai que c'était Mlle Baretta et Mlle Delaporte, et jamais l'alliance de ces deux talents, si
spontanés, si vifs, et si vrais, n'a produit un plus
aimable et plus piquant effet. En sera-t-il de même
dans le monde, avec des femmes du monde pour in-
terprètes ? Pourquoi non ?

Je prévois votre objection ? *L'agrément d'être
laide,* me direz-vous, c'est très bien comme titre,
mais, dans le monde, laquelle de ces dames consen-
tira à jouer le rôle de Marthe, c'est-à-dire à représen-
ter une fille laide ? — Laquelle ? Toutes ! Les laides
et les jolies. On dira aux jolies : « Prenez ce rôle !
vous y serez absurde et charmante ! Quand vous par-
lerez de votre laideur, cela fera rire tout le monde,
et la scène en sera d'autant plus piquante. Puis, vous
avez si bien l'esprit du personnage, si vous n'en avez
pas la figure ! — Soit ! me répondrez-vous, mais que
dira-t-on aux laides ? — On leur dira la même chose !

E. LEGOUVÉ.

L'AGRÉMENT D'ÊTRE LAIDE

Comédie en une scène

Par M. Ernest LEGOUVÉ

PERSONNAGES

SUZANNE.

MARTHE.

L'AGRÉMENT D'ÊTRE LAIDE

Chez Villeneuve, père de Suzanne et frère de Marthe.

SCÈNE UNIQUE

SUZANNE, MARTHE.

SUZANNE *entre, et met son chapeau sur un meuble.*

Me voilà !

MARTHE

Enfin ! revenir déjeuner à une heure !

SUZANNE

J'avais tant à faire. Trois leçons à donner ce matin !

MARTHE

Où donc !

SUZANNE

D'abord, chez madame de Brignoles.

MARTHE

Oh ! alors je comprends ton retard.

SUZANNE

Tu en veux à madame de Brignoles, ma petite tante ?

MARTHE

Moi, du tout !

SUZANNE

Elle est si bonne pour moi !

MARTHE

Oh ! très bonne.

SUZANNE

Et sa fille, et son fils !

MARTHE

Oui, le beau capitaine.

SUZANNE

Ah ! qu'as-tu donc ?

MARTHE

J'ai, Suzanne, que je n'aime pas à te voir courir le cachet, toute seule, dans cet affreux Paris.

SUZANNE, riant.

C'est le lot des filles qui n'ont rien, il faut bien que je gagne ma vie. Toi-même, est-ce que tu n'en fais pas autant ?

MARTHE

Oh ! moi, c'est bien différent. D'abord, je suis terriblement ton aînée, et puis, j'ai un talisman.

SUZANNE

Un talisman !

MARTHE

Ma figure.

SUZANNE

Comment ?

MARTHE

Regarde-moi cette mine-là.

SUZANNE

Eh bien ?

MARTHE

Eh bien, je suis laide : voilà !

SUZANNE

Laide!... oses-tu dire...

MARTHE, montrant sa figure.

Ce n'est pas moi qui le dis, c'est elle.

SUZANNE

Tu n'en parlerais pas si gaiement, si tu le croyais.

MARTHE

J'en parle gaiement, parce que cela m'enchante.

SUZANNE

Oh ! par exemple.

MARTHE

C'est si commode. Quel est le plus beau rôle du monde ? C'est d'être garçon et jeune. Eh bien, une fille laide, c'est un garçon. Elle fait tout ce qu'elle veut, elle va où elle veut. Est-ce que si j'étais jolie, je pourrais prendre notre cousin par-dessous le bras, et aller avec lui en promenade ; on dirait tout de suite : « Ah ! deux amoureux ! » Tandis que quand on nous rencontre, que dit-on ? « Un frère et sa sœur ! » Une laide est toujours une sœur. Mais quand on est jolie, que d'inconvénients !

SUZANNE

Je ne l'aurais pas cru.

MARTHE

Entendons-nous : pour une demoiselle du monde, riche, fiancée à un homme riche comme elle, la beauté n'est qu'une dot de plus ; mais pour une fille pauvre, sans mari, que sa pauvreté force à s'aventurer dans la rue, une jolie mine est un péril de tous les instants. Eh bien, ma petite Suzanne, tu es trop jolie pour être pauvre.

SUZANNE

Je suis jolie..., vrai ? Eh bien, j'en suis bien aise.

MARTHE

Il réussit bien, mon sermon.

SUZANNE

Ah çà ! mais où est donc ce grand péril ?

MARTHE

Il est... (*Après un silence.*) Suzanne, tu as été élevée en Amérique.

SUZANNE

Tu le sais bien.

MARTHE

Est-ce que dans ce pays-là on ne te suivait pas dans la rue ?

SUZANNE

Les gens qui allaient du même côté que moi, oui.

MARTHE

Ah !... Il est impossible que quelque beau jeune homme te voyant si jolie n'ait pas pensé à te le dire.

SUZANNE, *éclatant de rire,*

Ah ! quelle idée !

MARTHE

Comment ! On ne t'a jamais fait de déclaration ?

SUZANNE

Jamais !

MARTHE

Jamais, dans tes voyages, dans tes courses à travers New-York, aucun homme, en te voyant seule, ne t'a embarrassée par un propos blessant ?

SUZANNE

Un homme manquer de respect à une femme ! Mais tous ceux qui passent et qui ont des femmes, des filles ou des sœurs, accourraient à l'instant pour le punir et les défendre.

MARTHE

Ils accourraient tous en masse... comme cela ? On devrait bien profiter du libre-échange pour importer cette habitude en France ; il est vrai que cela ne prendrait pas.

SUZANNE

Je me rappelle pourtant...

MARTHE

J'étais bien sûre qu'il y avait un pourtant...

SUZANNE

C'était à un cours de botanique; nous n'étions guére
que quatre ou cinq femmes sur trois cents personnes.

MARTHE

Et le reste, qu'était-ce ?

SUZANNE, riant.

Des hommes !... Est-ce qu'il y a un autre genre que
le genre masculin et le genre féminin ?

MARTHE

Tu étais assise au milieu de trois cents hommes ?

SUZANNE

Sans doute, puisque nous écoutions la même leçon.
Tout à coup, pendant que je prenais des notes, je vois
passer par-dessus mon épaule, et tomber sur ma manche,
un petit papier plié en forme de lettre.

MARTHE

Un billet doux !

SUZANNE

Je le croirais assez.

MARTHE

Importation française !... Et que dirent les quakers ?

SUZANNE

Il y eut une grande rumeur dans l'assemblée.

MARTHE

Et que fis-tu ?

SUZANNE

Moi, je continuai à écrire. Puis, quand le professeur eut fini, je levai le bras comme cela... et je soufflai sur le papier comme si c'était un petit insecte !... Tout le monde se mit à rire, à applaudir, et le jeune homme fut obligé de sortir au milieu des huées !... Voilà.

MARTHE

C'est charmant ! Mais ce n'est pas parisien. A Paris, vois-tu, l'accueil qu'on fait aux jolies femmes...

SUZANNE

Qu'est-ce qu'il a donc de si redoutable ? Tout le monde m'accueille à bras ouverts.

MARTHE

A bras ouverts ! précisément !... Des gens t'accueillant comme cela... ah ! tu n'en manqueras pas !... Il y a dans tout Français un vieux fond de troubadour... qui fait que, dès qu'un homme se trouve seul avec une femme jolie, pauvre et libre... il n'a que deux pensées : la première, de rarranger un peu sa cravate et de passer la main dans ses cheveux ; la seconde, de se dire : « Ah çà ! il s'agit de faire la cour à cette petite dame-là. »

SUZANNE

Mais je n'en reviens pas !... qui t'a appris ces secrets ?

MARTHE

Mon talisman ! Toujours le même ! Comme on ne regarde jamais une femme laide, elle a tout le temps de

regarder les autres. C'est ce que j'ai fait, et j'ai vu...
Ainsi te voilà, toi, mademoiselle Suzanne Villeneuve,
institutrice ; tu vas demander conseil à un avocat, à un
médecin, à un savant ; à ta première visite, il te fait des
compliments ; à la seconde, il t'appelle ma jolie cliente ;
et, à la troisième, selon la date de son extrait de nais-
sance, il te glisse un billet doux, te prend la taille ou
se jette à tes genoux... les hommes de l'Empire se jet-
tent encore à genoux, quitte à ne pas se relever.

SUZANNE

Oui... de vieux fous dont tout le monde se moque.

MARTHE

Du tout ! Ce sont les mœurs nationales ! Tu vas en
solliciteuse dans un ministère, tu ne trouves que des
protecteurs, des apostilleurs... Au bout de deux jours,
les surnuméraires te serrent la main, le chef de bureau
t'embrasse... sur le front...

SUZANNE

Comment... il m'embrasse ?

MARTHE

Un chef de bureau !... Veux-tu pas qu'il se contente
des appointements de son inférieur ? Puis il te conduit
chez le ministre !

SUZANNE

Quoi ?.. Est-ce que les ministres aussi ?...

MARTHE

Oh ! non ! non !.. C'est bien différent ! Les ministres
sont bien au-dessus de ces petites faiblesses !.. Leur fonc-

tion est comme un sacerdoce. Ils se respectent! ils te respectent!.. et tu n'as rien à craindre d'eux!... Mais, excepté eux, et les sénateurs peut-être, tous, vieux ou jeunes, beaux ou laids, riches ou pauvres, employés ou rentiers, industriels ou artistes, civils ou militaires; tous troubadours! troubadours! troubadours!... et mendiants; car ils demandent toujours! Troubadours et usuriers, car ils prêtent toujours à la petite semaine... deux cents pour cent d'intérêt, payables en... Pas un qui aime avec désintéressement... pas même un capitaine!

SUZANNE, troublée.

Un capitaine!

MARTHE

Eh bien, oui! car, puisque le mot est lâché, il faut bien que j'arrive au but enfin! T'imagines-tu que, si M. de Brignoles grimpe si lestement et si souvent nos quatre étages, ce soit pour l'amour de la sculpture sur bois?... M. de Brignoles est amoureux de toi!

SUZANNE, souriant.

Je le sais bien.

MARTHE

Tu le sais?

SUZANNE

Sans doute puisqu'il me l'a dit.

MARTHE

Et toi?

SUZANNE

Moi? Je l'aime aussi...

MARTHE

Et tu le lui as dit aussi?

SUZANNE

Sans doute, puisqu'il me l'a demandé.

MARTHE, à part.

Elle a des réponses qui vous renversent!... (*Haut.*) Tu
as donc parlé à ton père?

SUZANNE

Non, pas encore! C'est mon secret... j'ai le droit de le
taire ; c'est le secret d'un autre, je n'ai pas le droit de
le dire.

MARTHE

Tu n'as pas parlé à ton père de l'amour de M. de
Brignoles?

SUZANNE

Il n'y a rien de mal!... J'en parlerai quand il sera temps.

MARTHE

Et quand sera-t-il temps?

SUZANNE

Quand notre mariage sera fixé.

MARTHE, stupéfaite.

Votre mariage! Tu crois que M. de Brignoles veut
t'épouser?

SUZANNE

Sans doute!... puisqu'il m'a dit qu'il m'aimait.

MARTHE

Hein?... Elle est inouïe!... Voilà tes preuves ?

SUZANNE

Quand un homme de cœur a dit à une jeune fille :
« Je vous aime! » et qu'elle lui a répondu : « Je vous
aime aussi! » c'est fini! ils sont mariés!

MARTHE

Ils sont mariés!... mariés! Ah bien! si tous ceux qui
se sont dit cela étaient... On voit bien que tu reviens
de l'autre monde! Ah çà! comment cela se passe-t-il
donc en Amérique ?

SUZANNE

C'est tout simple, on parle au gouverneur...

MARTHE

Qu'est-ce que c'est que cela, le gouverneur ?

SUZANNE

C'est le nom qu'on donne aux pères.

MARTHE

J'aime assez ce mot de gouverneur, cela représente
l'autorité, la discipline...

SUZANNE

Mais pas du tout!... Ce ne sont même pas les pères
qui marient leurs filles.

MARTHE

Qui est-ce qui les marie donc, alors ?

SUZANNE

Elles-mêmes.

MARTHE

Elles-mêmes? Mais, enfin, ce gouverneur, il faut pourtant lui demander son consentement.

SUZANNE

Oh oui! après.

MARTHE

Après quoi? Après le mariage?

SUZANNE, *très simplement.*

Non, après que la jeune fille a fait son choix.

MARTHE

C'est la jeune fille qui choisit?

SUZANNE

Cela me paraît assez juste, puisque c'est elle qui s'engage.

MARTHE

Oui! mais c'est le gouverneur qui donne la dot.

SUZANNE

Une dot?... Qui lui demande une dot?

MARTHE

Comment, en Amérique, les jeunes filles?...

SUZANNE

En Amérique... les jeunes filles ne sont pas forcées d'acheter... leur mari; un honnête homme les trouve toujours assez richement dotées, quand elles lui apportent en mariage un cœur droit et une vie sans tache. Mais, ici, je ne peux pas m'empêcher de rougir quand j'entends parler mariage!... On se croirait à un marché!...

Toujours ce mot humiliant : « Combien a-t-elle ? » Elle
a... elle a ce qu'elle est !

MARTHE

Chère enfant ! Ainsi tu crois que ta pauvreté n'empê-
chera pas monsieur de Brignoles...

SUZANNE

Qu'importe ma pauvreté, et quel pourrait être son
dessein, s'il ne voulait pas m'épouser ?

MARTHE

Son dessein ? son dessein ? Et sa mère ?

SUZANNE

Oh ! sa mère, c'est différent ! Je suis sûre que ce
mariage est son seul désir.

MARTHE

Hein ?

SUZANNE

Elle me l'a dit de mille façons.

MARTHE

Elle te l'a dit ?

SUZANNE

Pas en paroles, si tu veux, mais en faits. Pourquoi
m'attire-t-elle sans cesse chez elle ?

MARTHE

Pourquoi ?

SUZANNE

Pourquoi me réunit-elle toujours à son fils ?

MARTHE

Pourquoi ?

SUZANNE

Pourquoi me mêle-t-elle à tout ce qui l'intéresse ?...
Est-ce qu'on peut agir ainsi avec une autre femme que
celle qu'on veut appeler sa fille ?... Mais qu'as-tu donc,
Marthe ?... qu'as-tu ?... tu pleures ?

MARTHE

Oui, je pleure ! (*L'embrassant.*) Oh ! Suzanne, que tu
me fais de mal !

SUZANNE

Mais dis-moi donc...

MARTHE, avec force et à part.

Non, c'est impossible ! non ! je ne veux pas croire !...
Une femme !... une mère ! ce serait trop affreux ! Mais,
pour lui, c'est différent !... et mon devoir est de le
démasquer... de t'éclairer !... Suzanne, monsieur de
Brignoles ne veut pas t'épouser !... Monsieur de Brignoles ne t'épousera pas...

SUZANNE

Paul, ne pas m'aimer !

MARTHE

Oh ! je ne dis pas qu'il ne t'aime pas... Je crois, au
contraire, qu'il est épris de toi comme un fou.

SUZANNE

Eh bien, alors, que voudrait-il faire de moi ?

MARTHE

Ce qu'il veut faire de toi !... Oh !.. je ne peux pas...
je ne dois pas !... Sache seulement que les hommes sont
une nation abominable !

Fin.

UN CRANE SOUS UNE TEMPÊTE

Saynète

PAR M. Abraham DREYFUS

PERSONNAGES

MONSIEUR.

MADAME.

*Cette saynète a été jouée dans plusieurs salons parisiens
par Mlle Hortense Damain et M. Coquelin cadet.*

UN CRANE SOUS UNE TEMPÊTE

Petit salon. Cheminée au fond. Portes à droite et à gauche. Deux fauteuils devant la cheminée. Canapé au premier plan, à gauche. Guéridon à droite avec verre d'eau complet. Pendule sur la cheminée.

SCÈNE PREMIÈRE

MADAME, seule.

(Elle est assise près de la cheminée et tient dans les mains un ouvrage auquel elle travaille avec une agitation fébrile. — Au bout d'un instant, elle lève les yeux sur la pendule.)

(D'une voix sourde :) Onze heures!... *(Un temps.)* *(D'une voix aiguë :)* Onze heures!! *(Bruit de pas au dehors.)* — *(Madame pousse un soupir :)* Ah! enfin! *(Elle se remet à travailler.)*

SCÈNE DEUXIÈME

MADAME, MONSIEUR.

MONSIEUR entre d'un air joyeux et s'approche vivement, les bras tendus vers sa femme.

..... *(Madame ne bouge pas, elle n'a pas levé les yeux ; elle travaille toujours. Monsieur s'arrête interdit ; il regarde sa femme avec inquiétude...*

...... Mais non ! elle paraît calme ; si elle ne se tourne pas vers lui, c'est tout simplement qu'elle ne l'a pas entendu entrer ; Monsieur sourit, et, se glissant doucement derrière elle, il va pour l'embrasser sur la nuque, lorsque Madame se redresse de toute sa hauteur.)

MADAME, toisant Monsieur avec mépris.

. . . . . .

MONSIEUR, stupéfait.

...... *(Il fait un pas vers elle.)*

MADAME, reculant vivement.

Laissez-moi, monsieur !

MONSIEUR veut parler.

. . . . . .

MADAME

Laissez-moi !... *(Elle se dirige vers la porte de sa chambre.)*

MONSIEUR, la suivant des yeux.

. . . . . .

MADAME, debout sur le pas de sa porte. — solennellement :

A partir d'aujourd'hui, il n'y a plus rien de commun entre vous et moi ! *(Elle entre dans sa chambre ; Monsieur s'élance derrière elle ; la porte lui retombe sur le nez.)*

SCÈNE TROISIÈME

MONSIEUR, seul.

...... *(Il est consterné. Que s'est-il donc passé ? Sa femme est-elle vraiment furieuse ou a-t-elle voulu plai-*

*santer? Elle rit peut-être en ce moment... Pour s'en
assurer, Monsieur applique son oreille contre la porte
de la chambre. Il n'entend rien... Décidément, c'est très
sérieux; c'est une tempête qui se prépare... Eh bien, va
pour la tempête! Monsieur en a vu bien d'autres! Le
mieux est de la laisser passer. Monsieur s'approche de
la cheminée, se chauffe les pieds l'un après l'autre en se
frottant les mains énergiquement, puis il prend un journal, se jette sur le canapé et s'y installe comme s'il devait
lire les quatre pages du journal.)*

SCÈNE QUATRIÈME

MONSIEUR, MADAME.

(Madame sort de sa chambre et vient se camper devant Monsieur.)

MADAME, brusquement.

Alors, vous croyez que cette vie va durer ?

MONSIEUR, surpris.

. . . .

MADAME

Vous croyez qu'après avoir passé toute ma soirée à
vous attendre, je serai trop heureuse de rentrer toute
seule dans une chambre sans feu, tandis que vous serez
là bien tranquillement à vous chauffer les pieds en
lisant votre journal ?

MONSIEUR va pour se lever.

. . . .

MADAME

Oh! restez, je vous en prie! je serais désolée de vous

déranger. Je comprends qu'après cinq heures passées
hors de chez vous, vous éprouviez le besoin de prendre
un peu de repos.

MONSIEUR veut parler.

. . . . . .

MADAME

Je regrette seulement que vous m'ayez obligée à vous
attendre. Si j'avais pu prévoir que vous rentreriez après
minuit...

MONSIEUR, regardant la pendule.

. . . . . .

MADAME, vivement.

Je vous demande pardon. Cette pendule retarde d'au
moins une heure... Il est maintenant minuit et demi.

MONSIEUR, regardant sa montre.

. . . . . .

MADAME

Mais cela vous est absolument égal... Est-ce que vous
vous souciez de l'heure ? Vous rentreriez aussi bien à
deux heures, qu'à trois heures, qu'à six heures du
matin...

MONSIEUR veut protester.

. . . . . .

MADAME

Une orgie de plus ou de moins, qu'est-ce que cela
pour vous ?

MONSIEUR, même jeu[1].

. . . . . .

MADAME

Je vous connais, allez ! Je sais ce que vous pouvez faire, une fois que vous êtes lancé dans la voie des débordements ! !

MONSIEUR, souriant.

. . . . . .

MADAME

Oh ! vous pouvez sourire ! la raillerie va bien aux débauchés de votre espèce... C'est une grâce de plus... sceptique et dépravé : voilà la suprême élégance.

MONSIEUR, se regardant.

. . . . . .

MADAME

Et, sans doute, vous avez triomphé comme toujours ? Combien de cœurs avez-vous enchaînés à votre char ?

MONSIEUR, hébété.

. . . . . .

MADAME

Il y avait beaucoup de femmes à ce dîner d'hommes ?

MONSIEUR, révolté.

. . . . . .

[1] L'auteur renonce à noter toutes les nuances de ce rôle mimé ; c'est à l'interprète de se pénétrer de son personnage et d'exprimer par le regard et par le geste ce qu'on n'a pu indiquer que par des points. Il faut seulement qu'il se garde d'outrer la pantomime, afin que le public ne le prenne pas pour un muet, mais bien pour un homme à qui l'on coupe continuellement la parole.

MADAME

Oh ! je sais ce que vous allez me dire ! un banquet
d'économistes, n'est-ce pas ? Tous savants et tous mariés.
Rien que des gens vertueux, présidés par un octogé-
naire. Ils auraient bien voulu amener leurs femmes ;
mais les statuts s'y opposent ! C'est dommage ; ces dames
se seraient trouvées en bonne compagnie ; elles auraient
ri avec vous, bu avec vous, chanté avec vous... Il a dû
être bien gai, ce dîner d'économistes !

MONSIEUR

. . . . . .

MADAME

Ça n'a pas été gai ? Tant pis ! vous ne détestez pas la
gaieté... vous êtes folichon, à l'occasion.

MONSIEUR, modestement.

. . . . . .

MADAME

Du moins, à ce qu'on m'assure, car pour ma part, je
ne me suis jamais aperçue...

MONSIEUR, protestant.

. . . . . .

MADAME

Vous gardez vos amabilités pour d'autres !

MONSIEUR, souriant, s'approche de Madame.

. . . . . .

MADAME, passant devant lui.

Non   monsieur ! non ! retournez auprès de vos maitresses! Je ne me pique pas de lutter avec elles... Je ne suis que votre femme, moi!... et je n'ai pas le bonheur d'être assez maigre pour vous plaire.

MONSIEUR

. . . . . .

MADAME

Il faut être maigre!... un nuage, une vapeur...

MONSIEUR

. . . . . .

MADAME

Oh! je suis fixée sur vos goûts maintenant! On les devine facilement. Il suffit d'avoir vu madame Tourimel pour comprendre que vous n'aimez que les paquets de chiffons...

MONSIEUR

. . . . . .

MADAME

Et cette créature ose venir chez moi! quelle infamie!

MONSIEUR, doucement.

. . . . . .

MADAME

Oui! indignez-vous... c'est révoltant, c'est épouvantable...Comment peut-on risquer une accusation pareille? M. Tourimel n'est-il pas votre meilleur ami? Vous ne vous êtes pas quittés depuis le collége, vous appartenez à la même administration, vous avez été le témoin de

son mariage, vous continuez de travailler à son bonheur... quoi de plus naturel?

MONSIEUR

. . . . . .

MADAME

Seulement, je ne dois pas vous cacher, mon cher, qu'on
s'étonne de vous voir déjeuner aussi souvent chez des
gens qui ne sont que vos amis...

MONSIEUR

. . . . . .

MADAME

Oh! sans doute, le prétexte est excellent : monsieur
Tourimel demeure à deux pas du ministère; vous n'avez
pas le temps de venir déjeuner ici; vous allez chez Tourimel; rien de plus simple. Il ne tiendrait qu'à moi
d'en faire autant!...

MONSIEUR

. . . . . .

MADAME

Mais vous savez fort bien que je ne suis pas de ces
femmes qui se lèvent dès le matin pour courir à l'autre
bout de Paris. Je reste dans mon ménage, moi!

*(Jusqu'ici madame n'a pas cessé de parler. Elle a dé-
bité ses phrases sans une seule pause. C'est seulement
sur ce dernier trait « Je reste dans mon ménage, moi! »
qu'elle s'arrête pour respirer. Monsieur en conclut que
c'est à son tour de prendre la parole et il s'y prépare.)*

MONSIEUR, ouvrant la bouche.

. . . . . .

MADAME, repartant.

S'il plaît à monsieur Tourimel de tenir table ouverte, il en est libre; chacun gouverne sa maison comme il l'entend.

MONSIEUR, découragé.

. . . . . .

MADAME

Comment subvient-il à un pareil luxe? c'est une affaire entre sa conscience et lui. Je ne tiens pas à savoir qui est-ce qui paye les toilettes éblouissantes de sa femme.

MONSIEUR

. . . . . .

MADAME

Ah! mon cher, je répète ce qu'on dit partout : madame Tourimel est bien élégante pour la fille d'un ancien tambour!

MONSIEUR, surpris.

. . . . . .

MADAME

Oui, d'un tambour! Vous ne me soutiendrez pas le contraire; je l'ai vu, cet homme-là! C'est lui qui apportait à mon père ses billets de garde national; je les ai encore, ses billets; je vous les montrerai quand vous voudrez.

MONSIEUR

. . . . . .

MADAME

Vous n'y tenez pas? Je comprends cela! Ce serait pro-
faner votre idéal!... Il ne faut pas amoindrir l'auréole
de la femme aimée!...

MONSIEUR, abasourdi.

? . . . . .

MADAME

Ah! pardon! je ne vous savais pas si susceptible. A l'avenir, je me garderai bien de toucher à madame Tourimel.
Tout ce qu'elle fera sera parfait; elle me volera le cœur
de mon mari, elle enlèvera un père à ses enfants, elle
apportera la ruine et le désespoir dans cette maison jadis
heureuse, je ne me plaindrai pas, je ne dirai rien, je
trouverai tout cela très naturel, très juste et très honnête...

MONSIEUR

. . . . . .

MADAME

Est-ce suffisant? Vous contenterez-vous de cet acte
d'abnégation? Faudra-t-il encore que j'aille me jeter aux
pieds de madame Tourimel pour la supplier de débau-
cher mon mari?...

MONSIEUR

. . . . . .

*(Cette fois, Monsieur pourrait parler, mais il y re-
nonce; il se contente de hausser les épaules et de tourner
le dos.)*

MADAME

C'est cela! Emportez-vous!... C'est ce qu'on a de mieux à faire quand on ne peut pas répondre.

MONSIEUR, se retournant.

. . . . . .

MADAME

Qu'avez-vous à dire pour votre défense?

MONSIEUR

. . . . . .

MADAME

Rien! Vous n'avez rien à dire. Vous ne trouvez pas une parole, pas un mot, rien! rien!! rien!!!

MONSIEUR, s'approchant d'elle.

. . . . . .

MADAME

Eh bien, allez!... Battez-moi!

MONSIEUR, stupéfait.

. . . . . .

MADAME

Mais battez-moi donc!

MONSIEUR

. . . . . .

MADAME

Qu'est-ce qui vous en empêche? Vous êtes le plus

fort... Vous êtes le maître... oh! n'ayez pas peur, je ne me défendrai pas!

MONSIEUR

. . . . . .

(Là encore, Monsieur pourrait parler, mais que dirait-il? Le mieux est de s'en aller. C'est ce qu'il va faire; il se dirige vers la porte.)

MADAME

Ah! vous renoncez à me battre?... Vous craignez peut-être que je n'appelle à mon secours?...

MONSIEUR, revenant sur ses pas.

. . . . . .

MADAME

Vous avez tort. J'ai la pudeur du foyer domestique, moi! Je ne suis pas de ces femmes qui font bon marché du scandale et pour qui toute honte est profit.

MONSIEUR, décidé à ne pas répondre.

. . . . . .

MADAME, répétant.

Profit!

MONSIEUR, même jeu.

. . . . . . *(Il regarde le plafond.)*

MADAME, furieuse.

Ne le savez-vous pas?

MONSIEUR

. . . . . .

*(Il va prendre son journal et s'assied devant la che-
minée.)*

MADAME

Ah ! vous persistez à ne pas répondre?... vous lisez votre
journal?... c'est un moyen commode pour se tirer d'affaire... *(Elle s'approche de lui.)* Il y a des hommes qui
auraient à cœur de se justifier ; qui, voyant leur femme
souffrante, malheureuse, tourmentée — à tort, peut-être !
mais bien cruellement — voudraient la rassurer par un
mot affectueux, par un geste amical, par un regard com-
patissant... Est-ce donc si difficile d'avoir un peu de pitié
pour ceux qui vous aiment ?

MONSIEUR, ému, laisse tomber son journal.

. . . . . .

MADAME

Car, enfin, qu'est-ce que je te demande, moi ? de me
dire tout simplement où tu es allé en sortant de ce banquet — si vraiment il a eu lieu...

MONSIEUR, vivement.

. . . . . .

MADAME

Oui... c'est bien... j'admets qu'il ait eu lieu. Tu
avoueras qu'il n'est pas naturel de rentrer chez soi à
minuit passé...

MONSIEUR va pour parler.

. . . . . .

MADAME

Mettons minuit, quand le banquet finit à neuf heures et demie au plus tard.

MONSIEUR, même jeu.

. . . . . .

MADAME

C'est toi-même qui me l'as dit.

MONSIEUR, même jeu.

. . . . . .

MADAME

Alors, je m'étonne...

MONSIEUR

. . . . . .

MADAME

Je m'inquiète...

MONSIEUR

. . . . . .

MADAME

Je t'interroge...

MONSIEUR

. . . . . .

MADAME fondant en larmes.

Et tu ne veux pas me répondre ! !
 Elle va tomber en pleurant sur le canapé.)

MONSIEUR, considérant Madame avec pitié.

. . . . . .

MADAME, sanglotant.

Ah! ma mère! ma mère! qui eût dit qu'un jour ta fille en serait réduite à dévorer ses larmes!...

MONSIEUR, navré.

. . . . . .

MADAME

Et ce n'est rien cela! Ce n'est que le commencement de mon malheur!

MONSIEUR, s'approchant d'elle.

. . . . . .

MADAME, le repoussant.

Laissez-moi! Je n'ai pas besoin de vos consolations hypocrites... Vous avez voulu me voir pleurer!... je pleure!... Que vous faut-il de plus?

MONSIEUR

. . . . . .

(Cette fois c'en est trop. Monsieur est à bout de patience. Il s'éloigne et marche à grands pas dans le salon.)

MADAME

Oh! je suis bien ridicule, je le sais! Est-ce que je devrais pleurer? Est-ce je ne devrais pas m'habituer à la position qui m'est faite? ~~Combien~~ de femmes sont délaissées par leurs maris et n'en vivent pas moins très tranquillement. On ne peut pas rompre tous les mariages. Le nôtre s'est accompli sous de trop heureux auspices. Tout le monde s'en réjouissait — à l'exception de ma pauvre vieille tante Rosalie, qui voyait clair, elle!

MONSIEUR se trouve près de la cheminée, le dos au public; sur ce
dernier mot, il se retourne.

. . . . . .

MADAME

Oui, monsieur, elle voyait clair, — malgré ses quatre-
vingt-cinq ans. Elle me disait : Ma fille, défie-toi !... tu
épouses un homme mûr...

MONSIEUR, protestant.

. . . . . .

MADAME

Vous paraissiez mûr ! — un homme qui a beaucoup
fait parler de lui, au temps de sa première jeunesse, et
qui apportera dans son ménage les habitudes de dissipa-
tion et d'inconduite...

MONSIEUR

...... *(Depuis quelques instants, Monsieur a donné
des signes d'impatience de plus en plus vifs ; sur le mot
« inconduite », il brise un couteau de bois qu'il a pris sur
la cheminée.)*

MADAME

Vous voyez bien : vous cassez tout !... Voilà votre
façon de répondre !...

MONSIEUR, éclatant.

...... *(Mais non ! Monsieur ne veut pas se laisser
emporter par la colère. Il sent déjà qu'il étouffe... Pour
se calmer, il s'approche du guéridon et se verse un
grand verre d'eau.)*

MADAME

Ah ! vous avez soif ?... Ça ne m'étonne pas. Le dîner
de ce soir a dû vous altérer !

MONSIEUR

..... (*Il va pour boire ; mais il se ravise, prend du
sucre et se fait un verre d'eau sucrée.*)

MADAME

A la bonne heure !... un peu de sucre... et de la fleur
d'oranger... c'est bon, cela !... c'est reconstituant !

MONSIEUR savoure son verre d'eau silencieusement.

. . . . . .

MADAME, furieuse,

Je vous prierai seulement, quand vous voudrez boire
un verre d'eau sucrée, de ne pas venir le préparer dans
ma chambre !...

MONSIEUR, ayant bu, s'essuie les lèvres tranquillement.
...... (*Nouveau silence.*)

MADAME, exaspérée.

L'autre jour, vous avez laissé tomber plusieurs gouttes
de sirop sur le velours de mon prie-Dieu !...

MONSIEUR, avec un air de regret, poli, mais froid.
...... (*Il va replacer le verre d'eau sur le guéridon.*)

MADAME, avec éclat.

Et j'y tiens plus que jamais à mon prie-Dieu ! Que
deviendrais-je, s'il ne me restait pas la prière ! Grâce au
ciel, je n'ai pas appris à dédaigner les secours de la foi,
et vous ne me forcerez pas encore à les mépriser.

MONSIEUR, souriant.

. . . . . .

MADAME

Oh! je connais vos théories!... Ce sont elles qui vous
ont conduit à oublier successivement tous vos devoirs,
à nier la famille comme vous avez nié la religion,
comme vous niez la morale...

MONSIEUR, résigné à tout, garde le silence.

. . . . . .

MADAME, vivement.

Qu'est-ce que vous dites ?

MONSIEUR, impassible.

. . . . . .

MADAME

Oui, souriez, monsieur le libre-penseur! Vous ne
parviendrez pas à me faire oublier les leçons que m'a
données ma mère! — Et ma mère était une femme très
intelligente, entendez-vous?

MONSIEUR, haussant les épaules.

. . . . . .

MADAME

Vous en doutez? Ah! il ne vous manquait plus que
d'insulter ma mère! !

MONSIEUR, levant les bras au ciel.

. . . . . .

MADAME, sanglotant.

Et quel jour choisissez-vous pour cela ? Un jour qu'on

célébrait dans ma famille et qui me rappelle les plus
douces joies de mon enfance : le jour de ma fête !

MONSIEUR considère sa femme d'un air navré.

. . . . . .

MADAME

Oui, c'est aujourd'hui la Sainte-Félicie ! Mais vous
n'y pensez même pas !...

MONSIEUR

. . . . . .

MADAME

Avouez que vous n'y avez pas pensé, que vous n'y
pensez jamais !

MONSIEUR veut parler.

. . . . . .

MADAME

Ah ! tenez ! taisez-vous !... Vous mentiriez encore ! !

MONSIEUR regarde l'auditoire, comme pour le prendre à témoin ;
puis il se tourne vers sa femme en souriant.

. . . . . .

MADAME

Eh bien, quoi ?... Qu'est-ce que vous avez ? Parlez !

MONSIEUR, toujours silencieux, tire de sa poche un écrin qu'il
ouvre et qu'il présente à sa femme.

. . . . . .

MADAME

Un bracelet !... pour moi ? (*L'examinant et lisant*

l'inscription gravée.) « Félicie ! » — C'est pour cela que
tu étais en retard !... (*Avec effusion.*) Ah! mon Charles!...
que tu es gentil... et que je t'aime !... (*Elle se jette à
son cou.*)

La toile tombe.

UNE FEMME BIEN PLEURÉE

Monologue en vers

Par M. Paul DELAIR

Dit par M. C. COQUELIN, de la Comédie-Française.

UNE FEMME BIEN PLEURÉE

C'est indigne! — Et voilà pourtant comme on fait cas
Des plus purs sentiments et des plus délicats!
Ma femme!... Je l'aimais : je ne m'en fais pas gloire,
Non; le code l'exige; et l'article est notoire;
Et l'on doit se soumettre aux lois de son pays;
Mais j'ai le cœur sensible au point le plus exquis :
Un insecte qui meurt jusqu'aux larmes me touche!
Lors donc qu'un mal cruel la cloua sur sa couche,
Jugez à quel excès je me dus attendrir !
Je suis ainsi bâti : je ne puis voir souffrir!
Puis la soigner changeait toutes mes habitudes :
Il fallait renoncer aux douces quiétudes
De la table et du lit, désormais déréglés :
Toujours des repas froids et des sommeils troublés!
Crises! médicaments, d'aspect louche et sinistre,
Qui font mal rien qu'à voir, — qu'il faut qu'on administre!
Les malades d'ailleurs, — jamais contents! — Ils sont
A plaindre, certes! mais, en fin de compte, ils n'ont
Qu'eux-même à qui penser; on les sert, on les gâte,
Ils sont là dans la plume ainsi qu'un coq en pâte,
Tandis que ceux qui sont à l'entour! moi surtout,
Vu ma complexion tendre... j'étais à bout!

Le médecin craignit de me tuer! — De sorte
Que voulant me remettre, un soir, près de la porte,
Il me dit : — « C'est fini : rien ne fait plus d'effet;
« Dans huit jours, vous serez, monsieur, veuf — tout à fait! »

L'intention sans doute était bonne : j'atteste
Cependant que le coup faillit m'être funeste!
« O mort! est-il donc vrai! Tu vas me la ravir,
Cette femme, créée exprès pour me servir!
Ah! l'égoïste peut vivre seul en ce monde;
Moi, mon cœur a besoin d'un cœur qui lui réponde;
Il me faut un amour qui veille à mon côté,
Dont je sois caressé, bouchonné, dorloté,
Comme j'étais par elle, et puis qu'elle succombe,
Je suis mort, je le sens : faites pour deux la tombe! »

Et de fait, je devins si faible, si perclus,
Que lui tendre un bouillon, — je ne le pouvais plus!
Heureusement, j'avais Rose, — excellente fille, —
Notre bonne; — elle était comme de la famille;
Ce fut ma Providence, — et qui veilla si bien
Que ma femme ni moi ne manquâmes de rien.
Je lui disais : « merci... » — car j'eusse été de pierre
Si tant d'affection n'eût mouillé ma paupière,
« Ah! tu n'es pas non plus des cœurs indifférents,
« Tu l'aimes! ne crains rien, c'est moi qui te le rends!
Va, dépense, et n'attends aucune réprimande!
Pauvre amour! donne-lui tout ce qu'elle demande,
Même si ça lui fait du mal! Hélas! il faut
La contenter, vois-tu! nous la perdrons bientôt! »

C'est le huitième jour que je fis de la peine!
Jour lugubre! J'étais sans voix et sans haleine;

A chaque instant j'avais un soubresaut : — « Eh bien ?
« C'est fini ? »— « Pas encor ! »— « Ma pauvre femme... Rien ? »
— « Non, monsieur ! » Et le jour finit comme les autres,
Et ma pauvre chérie était toujours des nôtres !
— « Mais, dis-je au médecin, vous assuriez, docteur ?...
— « Que voulez-vous, monsieur ? c'est un mal destructeur,
Mais votre femme était une forte nature ;
Elle ira bien encor trois jours, par aventure...
Pas davantage ! »
           Attendre encor ! cruel destin !
Voir si longtemps souffrir et ne pouvoir... enfin !
Si sincères étaient ma douleur et ma plainte
Que j'aurais pris le deuil d'avance, — sans la crainte
Que ma femme ne prît cette idée à rebours.
Car, si bas qu'elle fût, j'entrais la voir toujours ;
Seulement, en sortant, j'étais vert... aussi Rose
Me dit-elle : — « Hé ! monsieur, cela vous décompose...
Pour Dieu, ne venez plus ! » — « Rose, c'est mon devoir !... »
— « Ah ! faites donc alors, mais s'il faut vous avoir
Deux sur les bras, bonsoir ! cherchez une autre bonne !
Vos huit jours à présent, c'est moi qui vous les donne ! »

Ses huit jours ! Et dans trois ma femme allait mourir !
On comprendra qu'alors je promis d'obéir ;
Elle, en retour, jura de rester là, fidèle,
Pour m'aider à porter ma douleur immortelle !
Et puis les trois longs jours fixés pour le trépas
Passèrent, — mais ma femme, elle, — ne passa pas...
Elle tenait, malgré son état déplorable ;
Avouez qu'une mort subite est préférable !
Mais l'humanité veut, jusqu'au dernier moment,
Qu'on lutte,— nous luttions ! — Rose eut un dévouement !

Sublime!... mais voilà pour comble d'amertume
Qu'une nuit, près de l'autre, elle prit un gros rhume ;
Elle toussait... La peur aussitôt me troubla
Pour sa poitrine : elle est délicate de là.
« Quoi! la sacrifier, pensai-je, jeune et belle,
« Et pourquoi? pour l'amour de Dieu !... moi qui n'ai qu'elle!
« Non, c'est trop! mais que faire ? »
                              Alors, prenant à part
Le médecin : — « Docteur, lui dis-je, est-il trop tard
« Pour que nous envoyions ma femme à la campagne?
« L'air pur, les soins des siens, — de ma douce compagne
« Adouciraient la fin! » Le docteur approuva;
Elle partit au sein de sa famille... — « Va, »
Sanglotai-je, « que Dieu te garde, mon pauvre ange! »

Rien ne peut exprimer l'impression étrange
Que me fit ce départ : — ce fut, dans ma douleur,
Comme un soulagement, un retour de chaleur,
Je me sentais renaître ! Et qu'on n'aille pas croire
Que ma femme un instant sortît de ma mémoire ;
En attendant l'avis de son convoi prochain,
Hélas! je me hâtai d'acheter un terrain
Pour lui faire un tombeau superbe, sous les branches,
Où j'irais tous les jours, ou bien tous les dimanches,
Avec Rose, — en été surtout, — porter des fleurs...
Pourvu qu'on se promène, autant vaut là qu'ailleurs!

Quand il ne manqua plus au caveau — que ma femme,
J'allai voir; et pleurant à genoux sur la lame,
Je me dis : « C'est fini ! les destins sont conclus!
Me voilà veuf! soyons homme,.. n'y pensons plus! »

J'avais la conscience en paix : cela nous aide ;
Et petit à petit au temps la douleur cède ;
Dieu ne nous a pas faits pour vivre avec les morts
Et l'appétit vient vite à qui vit sans remords !
Pourtant malgré les soins que me prodiguait Rose,
A ma triste âme aimante il manquait quelque chose.
Elle le voyait bien et c'était son souci,
Quoiqu'elle fût au fond bien soulagée aussi !
— Croyez-moi, me dit-elle un soir, après madame,
Il vous faudra, monsieur, choisir une autre femme ;
Vous ne pouvez pas vivre ainsi... — « Je le sais bien,
Dis-je, mais où trouver un cœur comme le sien ?
Qui la continuera dignement dans sa tâche ?
Toi seule, mon enfant, sans que cela te fâche,
Connais comme elle, hélas ! mes penchants, mes besoins...
Tu ne me l'as pas pu conserver par tes soins,
Veux-tu lui succéder du moins, à la pauvre âme ?...
Tiens, fais encor cela pour elle... sois ma femme ! »

Aurait-elle accepté ? Je ne sais ; mais sa main
Tremblait... quand un soufflet nous sépara soudain :
Un spectre devant nous, comme Polichinelle,
Parut !... un spectre, non ; la gifle était réelle !
C'était ma femme, rouge et le teint courroucé,
Et si peu morte enfin qu'elle avait engraissé !
Dire ce qui suivit, non, c'est une épopée !...
Elle a de toutes parts dit que je l'ai trompée !
Moi ! c'est elle, parbleu ! qui m'a trompé plutôt !
Ne l'ai-je pas pleurée aussi longtemps qu'il faut
Pleurer sa femme alors que Dieu clément nous l'ôte ?
Elle n'est pas morte, oui ; mais ce n'est pas ma faute !
Mon médecin était un âne, voilà tout !

Et puisqu'elle fait tant d'esclandre, encore un coup,
Et qu'elle m'a chassé Rose, cette innocente,
Je marche de ce pas, toute affaire cessante,
Chez maître Ducanois en consultation
Et nous allons plaider la séparation!

Fin.

COMME ON FAIT SON LIT...

Comédie en un acte

Par M. Paul. FERRIER.

PERSONNAGES

MONISTROL, cinquante ans
LUCIEN, vingt-cinq ans.
ANTOINE, cinquante ans.
MARTHE, dix-huit ans.
MARIETTE, vingt ans.

COMME ON FAIT SON LIT...

Une salle à manger, dans une petite ville de province. Porte vitrée au fond donnant sur le jardin. Portes à droite et à gauche en pans coupés. Buffet, table à manger, chaises.

SCÈNE PREMIÈRE

MARTHE, puis LUCIEN.

MARTHE, seule.

(Elle écrit sur un petit cahier posé sur un buvard. Tout à coup, entendant un bruit extérieur, elle cache son cahier dans le buvard, et prend un agenda de cabinet placé près d'elle — elle lit :) « Du vingt-six, trois côte-« lettes à la noix : un franc cinq — un pain de sucre « pour confitures... » *(Elle regarde autour d'elle.)* Ce n'était personne : une fausse alerte ! *(Elle reprend son petit cahier et lit :)* « J'ai tort sans doute : Je me repro-« che de manquer de franchise. Monsieur Monistrol, « mon tuteur, est si bon ! Bien sûr qu'il me pardonnerait, « qu'il nous pardonnerait à tous deux, monsieur Lucien « et moi ! — Mais comment lui dire que nous nous « aimons ? Je n'ose pas, et monsieur Lucien non plus. « Il me semble que mon tuteur, qui a de l'expérience,

« devrait le deviner tout seul ; et, s'il le devinait, c'est ça
« qui faciliterait nos confidences ?... » (*Nouvelle alerte.
Cachant son cahier et reprenant l'agenda.*) « Un pain de
« sucre pour confidences... Non ! pour confitures ! » (*On
frappe à la porte de droite.*) — Entrez !

LUCIEN, avec des papiers à la main.

Monsieur Monistrol n'est pas là, mademoiselle Marthe ?

MARTHE

Non, monsieur Lucien. — C'est un client ?

LUCIEN, souriant.

Non ! C'est un prétexte ! Quand je suis tout un quart-
d'heure sans vous avoir vue, je ne peux pas y tenir. —
Heureusement, les prétextes ne manquent pas. Un clerc
de notaire, un clerc modeste et scrupuleux, ne rédige-
rait pas un méchant acte de deux sous, sans consulter
son patron... surtout quand il a, le patron, une jolie
petite pupille, dont le clerc est passionnément amoureux.

MARTHE

Passionnément ?

LUCIEN

Oh ! oui ! et voyez cet à-propos ! Devinez quel acte
c'est ?

MARTHE

Un contrat de mariage !

LUCIEN

Un contrat de mariage — entre demoiselle Agathe
Rossignol et Aristide Pignancourt... — Vous pensez si ce
petit travail-là me ramenait à mes pensées constantes !

Quand donc monsieur Monistrol voudra-t-il bien rédiger
un acte pareil, entre demoiselle Marthe Pomereau...

MARTHE

Et monsieur Lucien Faugeron !... Ce serait si facile
à lui !

LUCIEN

Et si simple, comme rédaction !

MARTHE

Apport de la mariée : Ses beaux yeux, et ses vertus
domestiques !

LUCIEN

Item du marié : Beaucoup d'amour et des dispositions
pour le notariat !

MARTHE

Il n'en faut pas davantage pour être heureux !

LUCIEN

Non certes ! mais n'empêche que nous sommes bien
loin encore de ce bonheur-là, et tant que nous n'aurons
pas entamé le chapitre des confessions...

MARTHE

Mais il faut l'entamer, monsieur Lucien !

LUCIEN

C'est aussi mon avis, mademoiselle Marthe

MARTHE

Mon tuteur est si bon !

LUCIEN

Le meilleur des hommes !

MARTHE

Il fait grand cas de vous !

LUCIEN

Et il vous aime comme son enfant !

MARTHE

Avec cela que j'ai dix-huit ans aujourd'hui.

LUCIEN

J'en ai vingt-cinq depuis hier.

MARTHE

Il n'y a pas de temps à perdre.

LUCIEN

N'en perdons pas ! Monsieur Monistrol ne tardera pas
à rentrer...

MARTHE

C'est son heure...

LUCIEN

Vous allez l'aborder résolument.

MARTHE

Oh ! mais non ! pas moi !

LUCIEN

Vous hésitez ?

MARTHE

Eh ! bien, oui ! ce n'est pas si aisé que vous croyez !

Pensez donc qu'il vit seul au monde, mon tuteur, et qu'il est accoutumé à ma présence, à mes soins, à ma tendresse !

LUCIEN

Il ne voudrait pas cependant vous accaparer pour lui tout seul !

MARTHE

Je ne crois pas, mais au moins est-il de mon devoir de ne pas presser l'heure de notre séparation ! C'est à lui de juger, dans sa souveraineté, si le moment est venu de me donner un mari.

LUCIEN

Il serait votre père, pourtant...

MARTHE

Il serait mon père, que je ne devrais pas à ses bontés toute la reconnaissance que je leur dois : La nature et les lois lui eussent fait une obligation de ses bienfaits ! Au contraire, orpheline, étrangère à la famille, et sans aucune fortune, il m'a recueillie, élevée, instruite, choyée, et, depuis dix ans, aimée comme sa fille : Je suis d'autant plus tenue à n'être pas ingrate, qu'il avait moins de sujets d'agir ainsi qu'il a fait !

LUCIEN, légèrement embarrassé.

Vous m'en direz tant !

MARTHE

Mais vous, monsieur Lucien, vous qui n'êtes pas son pupille...

LUCIEN

Est-ce que je ne suis pas son obligé aussi ? Et voilà pourquoi je n'ai rien à objecter à vos bonnes raisons ! Parce qu'elles ne répondent que trop à ma situation devers lui. — Diable d'homme qui va faire notre malheur... pour nous avoir tant fait de bien ! — Songez, à votre tour, que mon père n'était qu'un pauvre expéditionnaire gagnant à peine son pain et le mien, au service de monsieur Monistrol, son patron. C'est monsieur Monistrol qui s'est occupé de moi, m'a envoyé dans un collège, puis à l'école de droit... Et quand, mon père mort, je me fus retrouvé, seul et sans argent, sur le pavé... de la République, c'est encore monsieur Monistrol qui me prit chez lui, comme clerc, me donnant la table, le logement, et des appointements... supérieurs, je dois bien le reconnaître, aux services que je puis lui rendre, dans son étude ! Comment, après cela, troubler sa tranquillité, déranger ses projets, peut-être?

MARTHE

Et, peut-être, en hâter l'accomplissement ?

LUCIEN

Que voulez-vous dire ?

MARTHE

Que nous sommes sans doute bien enfants de nous tourmenter d'un avenir, que mon tuteur a peut-être réglé lui-même !

LUCIEN

Eh quoi ? vous supposeriez ?...

MARTHE

Je supposerais... volontiers, que monsieur Monistrol, qui est en même temps un homme d'esprit et de cœur, s'est déjà dit — à part lui — rêvant à nous deux, et pour mettre le comble à ses bienfaits...

LUCIEN

Oh ! que oui, cela serait le comble ! Et je suis bien tenté de vous croire !... Et pourquoi n'y aurait-il pas pensé comme nous, ce cher et digne homme ?... Avant nous qui sait ?... — Non, mais l'entendez-vous ?... Moi, je l'entends : « Voilà Marthe et Lucien en âge d'être mariés...

MARTHE

« Ils se conviennent de tous points...

LUCIEN

« Ils ne peuvent manquer de s'aimer...

MARTHE

« Sans oser me le dire !

LUCIEN

« Mais j'ai deviné leur secret...

MARTHE

« Et je vais couronner mon œuvre...

LUCIEN

« Par cette formule consacrée : soyez heureux !

MARTHE

« Je vous bénis ! »

LUCIEN

Non ! mais l'entendez-vous ! (*Bruit de pas au dehors.*)

MARTHE

Oui ! je l'entends !

LUCIEN

Je me sauve ! (*Il sort vivement à droite.*)

MARTHE, reprenant ses comptes.

Un pain de sucre pour confitures...

SCÈNE DEUXIÈME

MARTHE, MARIETTE, ANTOINE. (Ces deux rôles légèrement patoisés.)

MARIETTE, introduisant Antoine par le fond.

Not' maîtr' n'est pas là, père Antoine, mais y a mamzelle qui sera ben aise de vous voir.

ANTOINE

Mamzelle, et compagnie, pardon, excuse, je ne vous dérange point?

MARTHE, serrant ses cahiers.

Non, père Antoine ! j'ai terminé mes comptes. — Vous voici venu à la ville?

ANTOINE

Comme voyez ! J'm'ai dit, à c'matin : j'ons une vache malade, et ma petiote en condition chez notre notaire; je vas l'embrasser, la petiote, et lui acheter une purgation, à la vache malade !

MARTHE

Nous appelons ça : faire d'une pierre deux coups.

MARIETTE

C'est un si bon père, père Antoine ! (*Elle l'embrasse.*)

ANTOINE

Ça, c'est vrai que j'ai ça : bêtes et enfants, j'ai ça que j'suis un bon père !... j'ons pourtant commencé par la bête, parce qu'elle était malade !... Et la petiote va bien ?

MARIETTE

Dieu merci !

ANTOINE

Et puis, c'est pas tout !

MARTHE

Vous venez consulter votre notaire !

ANTOINE

Par occasion !

MARTHE

Un petit lopin de terre que vous voulez acheter ?

ANTOINE

Pas un p'tit lopin, mamzelle, mais je veux acheter tout d'même... puisque, dans ce pays-ci, c'est la mode que ça s'achète !

MARTHE

Quoi donc ?

ANTOINE

Un p'tit bout de gendre — que je nous guignais depuis quéqu'temps !

MARIETTE, radieuse.

Gervais !

ANTOINE

Oh ! ben ! ça s'ra pas la peine de te demander ton consentement !

MARIETTE

Il est si gentil, Gervais !

ANTOINE

Ça, c'est vrai qu'il a ça : pas ivrogne, pas feignant, pas querelleur... et de plus très embéguiné de la petiote !

MARTHE

Vous voilà donc tous contents !

ANTOINE

P'têt' pas tous !... parce que moi, pour y gagner... j'y gagne pas !

MARIETTE

Ah ! dame ! un gendre, ça vous prend votre enfant !

ANTOINE

Prendre l'enfant, c'est rien !... parce que les enfants, c'est fait pour être pris. Quand un'jeunesse a dans ses dix-huit, vingt ans...

MARTHE

Comme Mariette !

MARIETTE

Ou comme mamzelle!

ANTOINE

Comme vous deux, c'est le devoir des anciens de leuz-y
choisir un époux, qui soye un compagnon, un protecteur,
un bon ami, encore que ça coûte, vrai!

MARTHE

Ah! que je voudrais que mon tuteur vous entendît!

ANTOINE

Pourquoi ça?

MARTHE, se reprenant.

Pour rien!... parce que vous parlez si sensément!

ANTOINE

Ça, j'ai ça que je parle sensément! — mais v'là que
le gendre, en prenant l'enfant, ce qu'est rien, il prend
la dot, ce qu'est pis!

MARIETTE

Oh! ben, je gage que Gervais serait désintéressé!

ANTOINE

Désintéressé?... oui, et non! Plus qu'un autre cependant, puisqu'il m'a dit comme ça : « Père Antoine, vous
« voudriez pas doter la petite? — Heuh! je voudrais
« pas... et je voudrais tout d'même! — Mais qu'il m'a
« rajouté, voyez les autres : moi, je me contenterai à
« moins que celui qui se contentera au moins! » C'est
un'manière d'être désintéressé!

4

MARTHE

Certainement.

MARIETTE

Alors, vous avez dit oui !

ANTOINE

J'ai dit oui, sauf ton agrément, et ça fait un'raison de plus de venir à la ville, histoire de commander le p'tit projet de contrat !

MARTHE

Eh bien, père Antoine, vous allez voir monsieur Monistrol ! Contez-lui vos idées de mariage pour Mariette... (*A part.*) Et puisse-t-il, de la sorte, penser à me marier aussi !

SCÈNE TROISIÈME.

LES MÊMES, MONISTROL.

MONISTROL, entrant de gauche.

Saperlipopette ! Saperlipopette ! Saperlipopette !

MARIETTE

Vlà not' maître !

MARTHE

Qu'est-ce qui vous arrive, mon tuteur ?

MONISTROL

Il m'arrive que je suis rentré par la cuisine, heureusement !...

MARIETTE

Par la cuisine!

MARTHE

Heureusement!

MONISTROL

Et que sans cette inspiration... providentielle, la blanquette brûlait! Dix secondes plus tard, nous avions une blanquette totalement brûlée!

MARIETTE

Ah! bon Dieu!

MARTHE

Je vais voir!

MONISTROL

Non, reste! j'ai paré ce coup... funeste; j'ai mis des cendres sur le charbon. Mais je voudrais savoir laquelle de vous deux a fait un feu si vif, sous une blanquette?

ANTOINE

J'ai idée que c'est la petiote.

MONISTROL

Assurément, père Antoine. Marthe ne commettrait pas d'hérésie pareille! — A propos, ça va bien, vous?

ANTOINE

Ça, j'ai ça que ça va bien; il n'y a que la vache... mais il ne s'agit pas de la vache! — C'est la petiote dont vous n'êtes donc pas content?

MONISTROL

Mariette? je ne dis pas ça : je suis très content au contraire... à part quelques étourderies... comme ce feu trop vif!

MARIETTE

C'est la faute à papa, à cause de ma joie à le revoir.

MONISTROL

Et encore, vous voyez, c'est de votre faute! à part ça, Mariette a de grandes qualités, et elle cuisine comme un ange!... — Je ne sais pas s'il y a des anges qui cuisinent... mais, s'il y en a, je parierais qu'il ne font pas mieux.

MARTHE

Mariette est un cordon bleu!

MONISTROL

Et j'en fais par avance mon compliment à son futur mari.

MARIETTE

A Gervais!

MONISTROL

Ah! ah! il a un nom, déjà?

MARTHE

Oui! un brave garçon qui l'aime bien.

MONISTROL

Parfait!

ANTOINE

Que c'est à c't'occasion que j'suis venu vous consulter !

MONISTROL

A merveille ! nous causerons, père Antoine ! moi, c'est dans mes idées qu'il faut marier la jeunesse... jeune !

MARTHE

Ah !

MONISTROL

Nous causerons ; Mariette vous invitera à déjeuner, et vous pourrez repartir dans la journée, avec votre projet de contrat pour votre fille.

ANTOINE

... Et ma purgation pour ma vache.

SCÈNE QUATRIÈME

LES MÊMES, LUCIEN.

LUCIEN, entrant, à part.

Le patron ! déjà !...

MONISTROL

Qu'est-ce que c'est, mon garçon ?

MARTHE, souriant, bas à Lucien.

Un prétexte ?

LUCIEN, bas à Marthe.

Non ! (*Haut.*) Un client.

MONISTROL

Je viens tout de suite. (*A Marthe.*) Toi, mignonne, occupe-toi de nous faire déjeuner exactement; j'ai l'estomac dans les talons! A tantôt, père Antoine.

ANTOINE

Je viens avec vous, monsieur le notaire : j'voudrais voir aussi l'affiche de la vente Grosminet.

LUCIEN

Je vous montrerai ça.

MONISTROL

Diable d'homme! il ne perd pas son temps! Sa fille, ses bestiaux, son gendre, la ferme Grosminet, il a la tête à tout!

ANTOINE

Ça, j'ai ça que j'ai la tête à tout! (*A la porte.*) Après vous, monsieur le notaire.

MONISTROL

Je n'en ferai rien. (*Il le fait sortir à droite et sort après, suivi de Lucien.*)

SCÈNE CINQUIÈME

MARTHE, MARIETTE.

MARIETTE, mettant la table et trois couverts.

Faudra venir à not' noce, mamzelle Marthe.

MARTHE

Mais certes, Mariette, nous y viendrons, nous y danse-
rons... à charge de revanche !

MARIETTE

C'est vrai que vous m'inviteriez à la vôtre ?

MARTHE

Pourquoi non ?... si je me marie toutefois.

MARIETTE

Eh ben, et avec monsieur Lucien ?

MARTHE

Monsieur Lucien !... qu'est-ce qui vous fait supposer ?

MARIETTE

Oh ! y a pas besoin d'être sorcière ! J'ons pas les yeux
dans mon tablier, et il faudrait être aveugle comme tout
pour pas s'apercevoir de quéqu' chose !

MARTHE

Vraiment, Mariette, à moins d'être aveugle ?...

MARIETTE

Ça saute aux yeux que vous vous aimez... respective-
ment.

MARTHE

Eh bien, tant mieux !

MARIETTE

Pourquoi ?

MARTHE

Mais parce que ça aura sauté aux yeux de mon tuteur,

et qu'il ne sera pas nécessaire de lui faire des confidences, qui nous coûteraient trop ! — C'est lui ! et la blanquette que nous oublions ! (*Elles sortent vivement à gauche, pendant que Monistrol entre de droite.*)

SCÈNE SIXIÈME

MONISTROL, PUIS LUCIEN.

MONISTROL, seul.

Encore un contrat de mariage !... Décidément, le vent y est. Moi qui, tout juste, pensais ce matin... (*Se regardant à la glace.*) Mais non, mais non, je ne suis pas trop défraîchi ! — J'ai cinquante ans, mais je ne suis pas défraîchi ! Cela conserve très bien, la vie de garçon, de garçon rangé, en province. Pas de soucis — pas d'émotions — pas d'enfants — et pas de femme surtout ! Cela conserve très bien !... — Mais, pourquoi cette ingratitude envers le célibat ?... car c'est de l'ingratitude !... On s'en est bien trouvé... et on pense à le quitter !.. Toujours la vieille histoire du Paradis : curiosité — gourmandise — et... Ève ! toujours Ève ! — Et puis, on vous a tant dit qu'il faut faire une fin ! Il paraît que faire une fin est une nécessité de la nature humaine : un peu plus tôt, un peu plus tard, chacun fait la sienne ! C'est sans doute ce besoin — inné — qui est cause que d'aucuns en font une si... bizarre ! Je n'ai jamais vu un vieux garçon épouser sa cuisinière — et j'en ai compté jusqu'à trois dans mes anciens amis ! — sans un mouvement de pitié, et de peur... de peur égoïste ! — Est-ce l'avenir qui m'attend ?... la fatalité qui me pend au nez ?... l'*Ananké* qui me pèse sur les épaules ?... — Pourquoi les vieux garçons épousent-ils leurs cuisinières, infailliblement?... Le triomphe des petites habitudes !... des petits soins !... des petits plats doux !... — Seulement, moi j'ai pris mes précautions — je me suis gardé à carreau ! — Le hasard m'a servi, c'est vrai, mais je me suis gardé ! — Marthe a dix-huit ans aujourd'hui. Son éducation, sa raison, sa reconnaissance m'assurent le succès de mes projets. Peut-être même a-t-elle, dans sa sagesse précoce, prévu ce sage dénouement ?... — Pourquoi pas ?... Et alors, je cède mon étude à Lucien, j'emmène ma femme à la campagne... nous sommes tous heureux, et... je n'ai pas épousé ma cuisinière !

LUCIEN, entrant, à part.

Le patron ! encore !

MONISTROL

Lucien ! Vous venez bien , je pensais à vous.

LUCIEN

Je venais vous demander une signature.

MONISTROL, signant un acte que lui donne Lucien.

Voilà !

LUCIEN

Vous pensiez à moi, disiez-vous? (*A part.*) Si ce pouvait être au sujet de Marthe !

MONISTROL

Ne vous troublez pas! je n'ai rien que d'agréable à vous annoncer.

LUCIEN, *à part.*

C'est bien cela !

MONISTROL

Je suis très content de vous, de votre travail et de votre assiduité.

LUCIEN

Oh ! monsieur, je ne fais que mon devoir ! Vous avez toujours été si bon pour moi, si généreux !

MONISTROL

Laissons le passé ! Votre reconnaissance m'a grandement payé des légers services que j'ai pu vous rendre ! Mais tout cela ne serait rien, si je ne m'occupais aussi de votre avenir.

LUCIEN, *à part.*

Mon avenir ! J'avais deviné !

MONISTROL

Vous avez vingt-cinq ans ; votre temps de stage est terminé, vous pouvez être notaire !

LUCIEN

Hélas ! pour faire un notaire...

MONISTROL

Il faut une étude, n'est-ce pas ? Pourquoi ne m'achèteriez-vous pas la mienne ?

LUCIEN

Acheter !

MONISTROL

Rassurez-vous ! je connais votre situation, mon enfant, et je vous ferai crédit, un aussi long crédit qu'il vous faudra ; c'est affaire entre nous, et si vous ne craignez pas de vous fixer dans une petite ville de province...

LUCIEN

Si je ne crains pas ? — Mais où rencontrerais-je tout ce que je quitterais en m'éloignant d'ici ?... Quelle folle ambition, ou quelle ingratitude coupable ?...

MONISTROL

Très bien ! Topez donc, mon successeur ! Vous travaillerez, et vous vous acquitterez quand et comme vous pourrez ! Je n'ai besoin de rien, ayant assez de fortune pour moi, et pour la femme que j'ai choisie...

LUCIEN, surpris.

La femme que vous avez choisie ?

MONISTROL

Mais oui, mon garçon ! Cela vous étonne ?

LUCIEN

Nullement.

MONISTROL

Je vous semble avoir passé l'âge où l'on se marie ?

LUCIEN

En aucune façon.

MONISTROL

Je suis bien un peu... mûr !... mûr, mais pas blet, saperlipopette !

LUCIEN

Vous êtes très vert !

MONISTROL

Bon pied, bon œil, bon appétit ! je marche comme un basque, je mange comme un loup...

LUCIEN

Un cœur d'or avec cela !

MONISTROL

Et pas d'infirmités ! Bref, un mari très présentable.

LUCIEN

Celle que vous avez choisie n'est d'ailleurs pas toute jeune, toute jeune...

MONISTROL

Comment l'entendez-vous ?

LUCIEN

J'entends qu'elle a passé seize ans.

MONISTROL

Dame, oui !

LUCIEN

Et peut-être deux fois plutôt qu'une.

MONISTROL

Deux fois ?

LUCIEN, avec intention.

Comme madame Bécamiel, par exemple !

MONISTROL

La veuve du percepteur ?

LUCIEN

Oui ! me suis-je trompé ?

MONISTROL

Une veuve de trente-huit ans ! Merci bien !

LUCIEN

Alors mademoiselle Courtalon ?

MONISTROL

Une vieille fille, maintenant ! — Non, ne cherchez pas !
car je m'étonne que vous n'ayez pas nommé tout de
suite...

LUCIEN, inquiet.

Qui ?

MONISTROL

Marthe, pardi !

LUCIEN

Mademoiselle Marthe !

MONISTROL

Ma pupille ! ma jolie petite pupille ! Elle n'a que dix-
huit ans, mais elle est plus raisonnable, déjà, que mademoiselle Courtalon, et plus sérieuse que madame
veuve Bécamiel.

LUCIEN

En effet !

MONISTROL

Elle excelle aux soins d'un ménage, et, depuis deux
ans qu'elle est sortie du couvent, vous voyez comme elle
conduit ma maison !

LUCIEN

Sans doute !

MONISTROL

Économe, laborieuse, et d'une raison au-dessus de son
âge, elle a tenu toutes les promesses que son enfance m'a-
vait données. Ajoutez à cela qu'elle est de première force
dans le grand art culinaire... ce qui n'est pas une petite
attraction pour un vieux gourmand comme moi.

LUCIEN, à part.

Oh! mon Dieu! mon Dieu!

MONISTROL

Encore une promesse d'enfance qu'elle a religieuse-
ment tenue! Je me souviendrai toujours, quand son père,
en mourant, me la confia... une pauvre fillette de huit
ans, toute seule en ce bas-monde !... je voulus me gagner
d'abord son affection par ce qui nous attache les enfants : les joujoux. « Quel joujou veux-tu, lui deman-
« dai-je? — Une cuisine ! » répondit-elle sans hésiter !
Une cuisine! déjà! c'était une révélation. — Aussi, son
éducation terminée, n'ai-je eu garde de laisser perdre
d'aussi heureuses dispositions. Je lui formai une biblio-
thèque... choisie et pratique : « Le cuisinier à la ville et
à la campagne... La cuisinière bourgeoise... Le parfait
pâtissier!... » Que sais-je? toute la collection depuis
« Le grand dictionnaire de cuisine » d'Alexandre Du-

mas... le père, jusqu'à « L'art d'accommoder les restes ! »
Je lui confiai la direction des fourneaux, et les clefs des
armoires.— Et je vis, avec une satisfaction chaque jour
croissante, que le ciel s'apprêtait à me récompenser d'une
bonne action, d'abord désintéressée, en faisant une
ménagère accomplie de la petite orpheline que j'avais
recueillie autrefois.

LUCIEN, amèrement.

Un bienfait n'est jamais perdu !

MONISTROL

Il paraît ! Je me serai élevé, à ma façon, la femme qui
me convenait, et grand temps il était, mon pauvre Lucien, car j'ai cinquante ans, et si un hasard bienheureux
n'avait mis Marthe sur ma route, je courais risque d'é-
pouser un de ces jours...

LUCIEN

D'épouser ?...

MONISTROL

Mariette, parbleu ! ma bonne ! c'est la fin naturelle
des vieux célibataires !... Il faudra vous défier aussi, mon
cher Lucien, et vous marier à votre heure !

LUCIEN

Oh ! moi, monsieur Monistrol... je n'ai pas le projet
de me marier.

MONISTROL

Allons donc !

LUCIEN

Non ! j'y suis résolu. Pauvre et malheureux comme
je suis...

MONISTROL

Malheureux et pauvre ? — Vous oubliez mon amitié qui vous est acquise déjà, et mon étude que vous ne tarderez pas à acquérir !

LUCIEN

Je n'oublie rien, monsieur Monistrol, et surtout pas vos bontés ! Mais je ne puis — j'ai réfléchi maintenant — je ne puis les accepter plus longtemps.

MONISTROL

Comment cela ?

LUCIEN

Je vous remercie de vos généreux desseins, et croyez que ce n'est pas sans un chagrin profond que j'y renonce !

MONISTROL

Vous renoncez ?...

LUCIEN

Il le faut ! je quitte le pays.

MONISTROL

Quelle folle ambition, disiez-vous, ou quelle ingratitude coupable ?

LUCIEN

Oh ! non ! ne croyez pas cela ! je ne suis ni ingrat, ni ambitieux !... mais j'ai des raisons que je dois vous taire... des motifs puissants que vous devez ignorer !... Excusez-moi, monsieur Monistrol, et plaignez-moi !

MONISTROL

Vous avez des secrets, Lucien, et vous me refusez vos confidences! Lequel de nous deux est donc si changé?

LUCIEN

Moi, sans doute !— Je ne puis m'expliquer davantage, et vous me presseriez en vain !... il faut que je parte.

MONISTROL, sèchement.

Quand il vous plaira!

LUCIEN

Tout de suite ! le temps de faire ma malle, et de vous rendre mes comptes !... Tout de suite, pendant qu'il me reste encore un peu de courage... (*A lui-même.*) Avant, surtout, d'avoir revu Marthe !...

MONISTROL

Adieu donc!

LUCIEN

Adieu !... (*A part, sortant.*) Et moi qui croyais qu'il allait m'offrir sa pupille !

SCÈNE SEPTIÈME

MONISTROL, puis MARTHE.

MONISTROL, seul.

Quel changement singulier et subit!... bien la peine de s'intéresser à de pareils drôles! — Qu'est-ce qu'il voulait donc de plus?... qu'espérait-il de mieux?... Com-

ment, saperlipopette ! on leur fait leur lit, à ces chena-
pans, un bon lit, bien tiède, bien douillet, où ils n'auraient qu'à s'étendre pour être heureux... et les voilà,
avec des secrets qu'ils gardent, et des folies qu'ils n'osent
avouer, partis sur les grands chemins, à la poursuite de
quoi ?... je vous le demande ?... son bonheur n'était donc
pas ici ?... — Baste ! tant pis pour toi !... bon voyage !...
je trouverai un autre acheteur pour mon étude, nigaud !
et ça n'est pas tes mauvais procédés qui troubleront
mon repos, imbécile !

MARTHE, entrant.

Qu'est-ce que vous avez, mon tuteur ? vous rêviez ?

MONISTROL

Je rêvais, oui ! je faisais un joli songe, un songe bleu,
que ton retour ne dérange pas... au contraire !

MARTHE

Ah !

MONISTROL.

A preuve que tu avais ta part dans ma rêverie, ta
bonne part !

MARTHE, à part.

S'agirait-il de mon mariage ?

MONISTROL

On se marie beaucoup, cette saison, et les contrats des
autres m'ont fait penser au tien.

MARTHE, à part.

C'est bien ça !

MONISTROL

Tu as dix-huit ans — tu vois que je vais droit au but !

MARTHE

C'est le meilleur moyen d'arriver.

MONISTROL

En effet. Tu as dix-huit ans, donc l'âge où il faut s'occuper de te pourvoir.

MARTHE

Oh ! que vous êtes bon ! (*A part.*) Et que Lucien va
être heureux !

MONISTROL.

Je suis bon... d'une bonté quelque peu personnelle,
mon enfant, mais quelle affection n'a pas son petit
grain d'égoïsme ?... Bref, je t'ai cherché un mari...

MARTHE

Et je suis sûre que vous avez trouvé.

MONISTROL

Sans aller bien loin.

MARTHE

On va quelquefois chercher bien loin...

MONISTROL

... ce qu'on a tout auprès ! — Tu es une fille pétrie
de raison. — Certes, tu es libre, et maîtresse de ton
choix.

MARTHE

Oui, mais comme il était plus sage de m'en rapporter
à vous !

MONISTROL

Tu m'accorderas que je t'offre ce que j'ai de mieux, à
mes yeux, du moins !

MARTHE

Vous ne pouviez vous y tromper.

MONISTROL

Je sais bien qu'une autre, moins réfléchie, moins sérieuse, moins modeste, ferait des objections !... ça serait
ceci... ça serait cela... et puis une chose... et puis une
autre ! Les demoiselles se font, d'ordinaire, un idéal
tout spécial, qu'on a bien de la peine à leur trouver...
conforme ! — Elles exigeraient une grande fortune...

MARTHE

J'ai des goûts simples.

MONISTROL

Un titre nobiliaire...

MARTHE

Voilà qui m'est indifférent.

MONISTROL

De fines moustaches... blondes ou brunes...

MARTHE

Je ne m'en soucie guère !

MONISTROL

Non ! tu es supérieure à ces vaines séductions ! — Et
d'ailleurs, si je n'ai plus vingt ans...

MARTHE, inquiète.

Si vous n'avez plus vingt ans?...

MONISTROL

... Je n'en ai que cinquante, et je les porte gaillardement !

MARTHE, machinalement.

Certes !

MONISTROL

D'ailleurs, n'as-tu pas assez d'amitié pour moi, pour que cette amitié devienne aisément l'affection que je te demande ? une affection faite d'estime, de tendresse, de confiance ! une bonne affection de ménage !

MARTHE

De ménage !

MONISTROL

Il n'y aura pas grand changement dans notre existence commune !... Tu resteras encore un peu ma fille, tout en devenant ma femme.

MARTHE

Sa femme !

MONISTROL

Et, de plus, ce mariage... de raison... répondrait — au besoin — à de certaines calomnies qu'on pourrait redouter d'une petite ville, très encline à la médisance... comme toutes les petites villes... Ta présence dans ma maison, la maison d'un vieux célibataire... qui n'est ni ton père, ni ton oncle... ni ton parent à aucun degré !...

Ton innocence ne peut me comprendre, et je ne puis —
encore — t'en dire plus long; — mais c'est une consi-
dération qui m'a touché... qui devait me toucher! la
pupille de maître Monistrol est comme la femme de
César: elle ne doit pas être soupçonnée!

MARTHE, à part.

Oh! mon Dieu! mon Dieu!

MONISTROL

Je sais bien que j'aurais pu te chercher un autre
mari, plus jeune, plus riche, plus séduisant; mais... je
te le disais aussi : Quelle affection n'a pas son petit
grain d'égoïsme ?... Et tu le disais, toi : On va quelquefois chercher bien loin ce qu'on a tout auprès.

MARTHE, éclatant.

Eh! bien, non, non! je n'aurais pas ce courage!

MONISTROL

Marthe!

MARTHE

Non, monsieur Monistrol. Appelez-moi ingrate, sans-
cœur, mauvaise!... Renvoyez-moi!... chassez-moi!...
C'est vrai que je ne méritais pas vos bontés! C'est vrai
que je suis bien coupable de ne pas savoir les reconnaître!... Mais je pensais... je prévoyais... j'espérais...

MONISTROL

Quoi ?

MARTHE

Hélas! je ne puis vous dire!

MONISTROL

Un secret?

MARTHE

Oui ! que je dois garder pour moi seule !... enfermer dans les derniers replis de mon cœur...

MONISTROL

Tu n'as donc plus confiance en ton vieil ami ?

MARTHE

Ce n'est pas cela — mais croyez-moi ! je ne saurais m'expliquer ! ne me pressez pas ! Il n'y a pas de ma faute !.. Ne m'accusez pas, non plus, d'ingratitude : le ciel m'est témoin que j'eusse voulu me dévouer à vous pour prix de vos bienfaits ! Ce n'est pas la volonté qui me manque... C'est la force !

MONISTROL

Je ne comprends pas.

MARTHE

Si vous compreniez, hélas ! je n'aurais plus qu'à mourir de honte !... Mais ne craignez rien, je saurai me taire, et mon secret, je l'emporterai si loin, si loin !...

MONISTROL

Tu veux partir ?

MARTHE

Il le faut ! Vous ne me renverriez pas, que je partirais tout de même ! Je me ferai justice. J'irai dans un couvent !... Et puis... vous aviez raison — on pourrait concevoir de mauvais soupçons... répandre d'infâmes

calomnies... qui n'offenseraient pas que moi seule !...
Vous seriez éclaboussé de ma honte, et je ne veux pas !

MONISTROL

Marthe !

MARTHE

Adieu, monsieur Monistrol, et, du fond de mon cœur,
merci de toutes les bontés dont vous m'avez comblée —
pardon, du fond de mon âme, du chagrin que je vous
fais peut-être en retour !

MONISTROL

Tu ne veux pas me dire ?...

MARTHE, résolument.

Rien.

MONISTROL, résolument aussi.

Eh bien ! adieu !

MARTHE

Adieu ! Mon paquet sera bientôt fait ! Vous trouverez
mes livres en état. J'ai écrit la dépense jusqu'à ce matin.
Je vais rendre les clefs à Mariette !... Adieu, pour ne
plus vous revoir, hélas ! (*Sortant. — A part.*) Ni lui, ni
Lucien !

SCÈNE HUITIÈME

MONISTROL, PUIS MARIETTE.

MONISTROL.

Bon voyage aussi !... Et de deux serpents !... me revoilà
seul !... Pauvre vieille bête, qui croyais avoir si bien fait

mon lit!... Oh! les projets des hommes, les arrangements, les combinaisons!... Châteaux de cartes!... le souffle d'un enfant... tout s'écroule!... Ah! j'étais joliment gardé à carreau!... J'avais tant pris mes précautions! « *La précaution inutile!* » L'éternelle comédie! — me revoilà seul, et l'*Ananké* n'est pas vaincue! J'épouserai ma cuisinière!...— Eh bien! après?... Si elle sait flatter mes petites habitudes, m'entourer de ses petits soins, me gâter avec ses petits plats doux?...

MARIETTE, entrant avec le déjeuner sur un plateau.

Monsieur est servi.

MONISTROL, la prenant par la main et la regardant en face.

Mariette!... Mariette!... Ote un couvert!

MARIETTE

Pourquoi faire?

MONISTROL, se fâchant.

Ote-le, te dis-je!

MARIETTE, obéissant.

V'là qu'est fait.

MONISTROL

Et assieds-toi là!

MARIETTE

Pourquoi faire?

MONISTROL

Assieds-toi! (*Il la fait asseoir en face de lui.*)

MARIETTE, interdite.

V'là qu'est fait!

MONISTROL

Veux-tu que je t'épouse ?

MARIETTE

Pourquoi faire ?

MONISTROL

Veux-tu ?... pour être ma femme, pardi ! c'est clair c'est carré !

MARIETTE

Eh ben ! et Gervais !

MONISTROL, il reste assis et devient rêveur.

Gervais ?

MARIETTE

Certainement, ça serait ben d'l'honneur... et si j'aurais pas un sentiment — la tentation d'être madame, — et l'obéissance que je vous dois...

MONISTROL, se levant et arpentant la pièce à grands pas.

Va-t'en au diable ! je te chasse !

MARIETTE

Non ?

MONISTROL

Si ! je te chasse ! fais ton paquet !... et que je ne te revoie plus !... petite sotte ! petite bête ! petite peste !... Va ! va ! va !

MARIETTE, pleurant.

Ah ! mon Dieu, comme il est devenu méchant tout d'un coup !

SCÈNE NEUVIÈME

LES MÊMES, ANTOINE.

ANTOINE, entrant.

De quoi ?... de quoi ?... Y a de l'orage dans la maisonnée !

MONISTROL

Ah ! bien, vous arrivez à propos, père Antoine ! Vous allez rabrouer un peu votre petiote !

ANTOINE

Qu'est-ce qu'elle a fait ?... Elle a brûlé la blanquette ?

MONISTROL

Si ce n'était que cela ! Mais je lui offre de l'épouser...

ANTOINE

Vous... elle ?

MONISTROL

Moi elle, oui !... et elle refuse !

ANTOINE

Eh ben ! après ?

MONISTROL

Comment, après ?

MARIETTE

Puisque j'aime Gervais !

ANTOINE

D'abord !... et quand elle l'aimerait pas ?...

MONISTROL

Quand elle ne l'aimerait pas ?... Mais je suis riche !. .
je lui donnerai des bijoux... des dentelles... des titres de
rentes !... Elle sera une madame... et .. je ne vous
demanderai pas de dot... ah !

ANTOINE

Des bêtises !... Elle a refusé, et qu'elle a ben fait !

MONISTROL

Par exemple !

ANTOINE

Embrasse-moi, petiote ! C'est une leçon de bon sens
que tu as donnée à monsieur !

MONISTROL

Père Antoine !

ANTOINE

Est-ce que nous sommes d'âge à épouser des jeu-
nesses, nous ?

MONISTROL

Mais...

ANTOINE

Est-ce que vos bijoux valent les vingt-cinq ans de
Gervais ?... vos dentelles, ses deux bras ?... et vos titres
de rentes, sa belle santé ?

MONISTROL

Cependant...

ANTOINE

Qu'est-ce que vous avez besoin d'une femme dans votre déclin ? Si quéqu'chose vous manquait !... mais quoi ?... rien ! — Pour vous donner des tintouins !... des sujets de jalousie !... et des enfants... qui seraient trop petits pour vous !

MONISTROL

Père Antoine !

ANTOINE

Vous êtes vieux... Y a rien à faire ! Vous avez manqué le coche... c'est manqué ! — Mais ne vous plaignez pas ! J'suis pas un notaire comme vous, éduqué et instruit, n'empêche que je peux vous donner ma consultation néanmoins !

MONISTROL

Je ne vous demande rien !

ANTOINE

Mais je tiens, moi, à vous dire quéqu'chose... parce que j'ai vu — sans vouloir voir — et j'ai deviné — sans vouloir deviner ! J'ai vu mamzelle Marthe, qui faisait son paquet, en pleurant !... Et monsieur Lucien qui pleurait en faisant sa valise !

MONISTROL

Eh ! bien ?

ANTOINE

Eh ! ben, j'ai deviné pourquoi ils pleuraient, chacun de

son côté, et pourquoi, chacun de son côté, ils faisaient leurs paquets...

MARIETTE

Dame ! ils s'aimaient tant !

MONISTROL

Ils s'aimaient !

ANTOINE

Alors, v'là ce que j'ai à dire : Vous avez cinquante ans et de l'imagination... Les lectures donnent de l'imagination... Figurez-vous que vous vous êtes marié à la trentaine... Que vous avez eu une fille, qui est mamzelle Marthe !... Que la petiote ayant dix-huit ans, c'est affaire à vous de la marier !... Et faites comme moi qui ne suis qu'une bête : Avisez-vous qu'elle aime monsieur Lucien... et donnez-lui votre fille... avec votre étude... et votre bénédiction !

SCÈNE DIXIÈME

LES MÊMES, LUCIEN, à droite, et MARTHE, à gauche.

LUCIEN, sans oser avancer.

Adieu, monsieur Monistrol !

MARTHE, même jeu.

Adieu, mon tuteur !

MONISTROL, brusquement.

Adieu ! (*Ils vont s'éloigner. Il remonte, et les ramenant chacun d'une main.*) Mais, petits misérables, ça n'était

donc pas plus simple de me dire, tout bêtement, tout
sincèrement : « Nous nous aimons, bénissez-nous ! »

MARTHE

Nous n'osions pas !

LUCIEN

La crainte de vous déplaire !

MONISTROL

Et maintenant ?

MARTHE

Maintenant que vous savez tout...

LUCIEN

... Maintenant, nous oserions !

MARTHE

Nous nous aimons !

LUCIEN

Bénissez-nous !

MONISTROL, *unissant leurs mains.*

Voilà !

MARTHE

Oh ! que vous êtes bon, mon tuteur !

LUCIEN

Vous avez donc deviné ?...

ANTOINE, *vivement.*

Tout ! (*bas à Monistrol.*) Gardez-en la gloire !

MONISTROL

Vous êtes un brave homme, père Antoine! C'est une consultation que je vous dois.

MARIETTE

Ah! bon Dieu! et la blanquette!...

ANTOINE

Brûlée?

MARTHE

Non, j'ai remis des cendres!

MONISTROL

Tu es un ange!... (*A Antoine.*) N'empêche, père Antoine, que ça fera mentir le proverbe : « Comme on fait son lit...

ANTOINE

... on se couche! »

MONISTROL

Pas toujours!

La toile tombe.

LE SERGENT

Poésie

Par M. Paul DEROULÈDE.

LE SERGENT

I

Ah! c'était un fameux sergent que maître Jacque!...
Ses officiers l'avaient doté de ce surnom
Pour avoir, certain jour et dans certaine attaque,
Joué de tout un peu : fusil, sabre et canon.

En Italie, en Chine, en Crimée, au Mexique,
Il avait guerroyé partout, partout vainqueur,
Et médailles et croix chamarraient sa tunique,
« Que, — comme il le disait, — c'en était séducteur ! »
Il n'était ni petit ni grand, la tête rase,
Avec une balafre allant du front au cou,
Bien planté sur ses pieds, bien campé sur sa base,
Souple comme une épée et maigre comme un clou.
Ses dents blanches riaient sous ses grosses moustaches;
Le nez brusque et hardi s'arrêtait coupé court,
Et sous ses noirs sourcils, deux points, deux trous, deux taches
Flamboyaient comme deux sarments au fond d'un four.

Qu'il eût connu la peur à sa première affaire,
Ses chefs disaient que non; lui, prétendait que si,

Mais qu'ayant sur-le-champ eu l'art de s'en défaire
En la passant à ceux qu'il effrayait ainsi,
Il n'en avait dès lors gardé pour sa personne,
Que juste ce qu'il faut pour ne pas se blaser,
Un brin de peur, de quoi sentir que l'on frissonne,
Histoire de frémir, comme sous un baiser !

Car maître Jacque aimait l'image à haute dose ;
Il était quelquefois homérique en ce point,
Sans être nullement plagiaire... et pour cause :
L'imprimerie et lui ne se fréquentant point.
« Ce n'est pas, disait-il, qu'on n'ait pas eu de maîtres,
On a tout comme un autre appris son A. B. C.,
Seulement, quant à faire un mot avec des lettres,
Ça m'a paru frivole, et je m'en suis passé !
Et puis le livre au fond est bon pour ces cervelles
Qui sont en un clin d'œil au bout de leur rouleau,
Qui n'ayant rien à soi, ne trouvant rien en elles,
Puisent là de l'esprit comme on tire de l'eau.
Mais moi qui sais penser, qui sais voir, qui sais vivre,
Observateur toujours et toujours curieux,
Je n'ai qu'à feuilleter ma tête, c'est mon livre :
Mon crâne est un recueil imprimé par mes yeux. »

Et quand on lui disait que c'était grand dommage
Qu'un sergent comme lui restât toujours sergent :
« Eh bien, quoi ? si l'oiseau vaut mieux que son plumage
Ça ne vous suffit pas ?... le monde est exigeant ! »
D'ailleurs, grand connaisseur et grand artiste en guerre,
Sachant, comme pas un, vous fouiller un pays,
Entraîner les soldats, culbuter l'adversaire,
Donner des ordres nets, nettement obéis.

Avec ça, prévoyant comme trois majordomes,
Prodiguant au *frichti* ses soins intelligents,
Adorant son métier, adoré de ses hommes :
Bref le dieu des troupiers et le roi des sergents.

II

Or, ce jour-là, le vieux vainqueur était en fête,
Son régiment devait marcher au Prussien.
Et comme on lui parlait du bruit d'une défaite :
« Ça n'est pas vrai, d'abord ; et puis ça n'y fait rien.
Possible ! ajoutait-il d'un ton de confidence,
Qu'à triompher sans nous, on ait eu quelque mal,
C'étaient nos violons qui manquaient à la danse,
Mais ça marchera bien quand nous serons du bal. »

Le régiment, placé tout d'abord en réserve
Au revers d'une crête, attendait là son tour ;
Et, le cœur tout en joie et l'esprit tout en verve,
Le sergent contemplait sa troupe avec amour.
Presque tous ses soldats étaient des vieux d'Afrique,
Tenaces, Dieu sait comme ! ardents, Dieu sait combien !
Et, leur clignant de l'œil pour toute rhétorique,
Maître Jacque joyeux se disait : « Ça va bien ! »
Quand, s'étant reculé pour juger de l'ensemble,
Il fronça les sourcils et de sa grosse voix :
« Mais nom de nom ! fit-il, mon numéro trois tremble !
Numéro trois, sortez ! venez, numéro trois ! »
Et ce fut un petit paysan triste et blême
Qui tout tremblant sortit des rangs et s'avança.

« Nous avons peur, dit Jacque, extrêmement peur même...
Qui, diable ! m'a donné des conscrits comme ça ! »
Mais l'autre avait rougi jusqu'aux yeux : « Sauf excuse,
Mon sergent, je n'ai pas si peur que j'en ai l'air. »
Et Jacque souriant de sa mine confuse :
— C'est jeune, c'est craintif ; mais c'est Français, c'est fier.
Et lui prenant l'oreille avec un air paterne :
« Ben, non ! tu n'as pas peur, dit-il, ça n'est pas vrai ;
Seulement, il te manque au fond de ta giberne
Deux grains de diable au corps, je te les y mettrai !

— S'il vous plaisait, sergent, les mettre tout de suite,
Je sens que j'attendrais plus gaîment le signal...
Ils font là-bas un bruit de canon qui m'agite.

— Je suis sûr que tu crois qu'on va te faire mal ?

— Mais je ne le crois pas, sergent, je le suppose.

— Les suppositions ne valent rien jamais.
La bataille a bien ses dangers comme autre chose,
Plus nombreux, j'en conviens, mais gais, je te promets.

— Oh ! gais, sergent ?...

                        — Mais oui, très gais ! Rien n'est maussade
Comme d'aller traîner ses guêtres sans efforts ;
Marcher, contremarcher, sans la moindre gambade ;
Un petit tour de feu, c'est la santé du corps !

— Ça dépend des santés, sergent, je vous assure.
Puis... ça ne vous a pas toujours tant réussi...

— Parce que tu me vois au front une blessure ?
Eh bien, et celle-là, petit, et celle-ci ? »
Et le petit conscrit ouvrait des yeux immenses.
« Tu vois qu'on n'en meurt pas à tous les coups, mon cher.

—Non, mais à tous les coups, je vois qu'on a des chances.

— Ah ! ce n'est pas la pêche à la ligne, c'est clair.
Mais si nous revenons du feu levant la tête,
C'est qu'il faut un certain toupet pour y courir ;
Et l'orgueil qu'on en garde a pour cause secrète,
Non d'avoir su tuer, mais d'avoir pu mourir.
Qu'on donne à ça le nom qu'on voudra, peu m'importe !
Amour de la patrie ou culte du drapeau,
Ce qui rend l'homme fort est chose vraiment forte.
C'est très joli, la paix !... la guerre, c'est très beau !
Aussi, vois-tu, petit, je ris quand j'entends dire :
La guerre est un fléau ! la guerre est une horreur !
La bataille est l'instinct de brutes en délire...

La brute, c'est le lâche, et l'instinct, c'est la peur !

La peur qui fait crier la bête au cœur de l'homme,
La peur qui le fait fuir en troupeaux éperdus,
Qui, dégradante au fond, est maladroite, en somme,
Car l'ennemi vous vise et vous ne visez plus.

Et puis, petiot, sais-tu ce que c'est que la fuite ?
Ce n'est pas seulement, — ce qui serait assez ! —
La défaite et son train, la débâcle et sa suite,
C'est l'abandon des morts et l'oubli des blessés.

Oui, ceux que le vainqueur rencontre, il les assiste ;

Mais comment irait-il chercher tous les débris?
L'appel, tu le sais bien, ne se fait pas sans liste;
Il faut les vieux sergents pour compter les conscrits.
Enfin, si malgré tout, tu fléchis sur ton centre,
Si tu te sens tourner les talons... pense encor :
La balle dans le dos tue aussi bien qu'au ventre,
Pour être moins longtemps tapés, tapons plus fort!
Est-ce compris?

> — Mon Dieu, sergent, ça l'est sans l'être.
Vous dites que la peur est idiote, quoi!
Qu'une fois qu'on s'y met, eh bien! il faut s'y mettre;
Et qu'on doit devenir un homme, qu'on le doit.
Pour le reste... parlant, sergent, par révérence,
Il est des mots qui m'ont échappé dans le tas,
Pourtant, je me sens mieux, puis j'ai votre assurance
Que si je suis touché vous ne m'oublierez pas.
Mais... hein?... vous avez dû souffrir?

> — Ça me regarde.
Si j'ai souffert ou non, aucun n'en a rien su,
Ça reste entre mon cœur, mon sabre et ma cocarde :
C'était pour le pays, bien donné, bien reçu!

— Ah! ce doit être dur, pourtant!

> — Bah! quelle histoire!
De ces duretés-là, j'en redemande encor,
Le sang ne coûte rien qui nous vaut la victoire,
Et puis, ces rubans-là ressuscitent un mort? »

Et le héros montrait du pouce sa poitrine,

Où son vieux cœur de flamme avait de fiers reflets !
Et le conscrit, avec une rage mutine :
« Ah ! sergent, je voudrais être brave !

                     — Tu l'es !
Mais retourne à ton rang, conscrit, on va se battre.
Tu vaudras quelque chose et tu feras quelqu'un.
Tiens, siffle dans ma gourde un peu de *Fil-en-quatre*.

— Pour la France et pour vous, sergent !

                     — Ça ne fait qu'un ! »

III

Et ce fut un terrible effet dans la bataille
Que l'arrivée au feu de ces fiers régiments.
Et les rangs ennemis en eurent une entaille
Qui fit pâlir au loin les princes allemands.

Tout d'abord le conscrit perdit un peu la tête :
Les clairons, les tambours, la mitraille, le bruit,
La mort qu'il faut lancer sous la mort qu'on vous jette...
Mais, par bonheur, il vit son sergent près de lui.

Jacque n'avait pas dit encore une parole
Que le petit conscrit s'était remis déjà ;
La peur, poignante encor, n'était déjà plus folle.
« Eh bien, ça va, conscrit ?

                     — Mais oui, sergent, ça va ! »

Et peu à peu voilà que la valeur s'éveille ;
Voilà que noir de poudre et qu'ardent au combat,
Portant comme un ancien le képi sur l'oreille,
Le petit paysan était passé soldat !

« Peut-on t'offrir encore à boire, mon bonhomme ?

— On n'en a plus besoin, sergent !

                                    — Bien répondu.
Tu vois que ce n'est pas si redoutable, en somme,
Et vois-tu comme c'est amusant, le vois-tu ? »

Hélas ! il en manquait pourtant, des camarades,
Plus d'un est tombé là, qui n'a jamais rejoint ;
Mais l'espérance allait, guidant les escouades,
Et l'on courait toujours plus fort, toujours plus loin.

Cette marche en avant dura deux longues heures ;
La baïonnette même eut part à ce gala,
Jamais pareil assaut ne vit troupes meilleures ;
Tout à coup les clairons sonnèrent : Halte-là !
Les officiers semblaient se concerter ensemble.

« Sergent !

        — Conscrit ?

                — Voyez là-bas, sur ce sommet.
Derrière nous, au fond, on dirait... ça ressemble...

— Ah ! mille millions de tonnerres ! C'en est ! »

. . . .

. . . .

IV

Le lendemain, au jour, sous un toit en ruine,
Le sergent reposait, couché sur un grabat,
Des bandages couvraient son front et sa poitrine,
Et le petit conscrit veillait le vieux soldat.

Un rayon de soleil vint frapper son visage :
« Où diable suis-je donc, fit Jacque, ouvrant les yeux,
Je ne reconnais plus du tout le paysage.
Tiens ! te voilà, conscrit ? et tout entier ? tant mieux !
— Faut pas parler, sergent.

                              — Tu m'imposes silence !

— Oh ! non, ce n'est pas moi, sergent, c'est un docteur.

— Ah ! ton docteur ! il peut garder son ordonnance ;
Il ne guérira pas la plaie, elle est au cœur.
Nous sommes prisonniers ?

                              — Non, sergent. J'ai su feindre.

Quand ils sont arrivés sur nous — c'était d'abord
Que vous étiez tombé, mon sergent — sans rien craindre,
Je m'ai couché par terre, et puis j'ai fait le mort ;
Et puis quand j'ai connu qu'ils s'en allaient au large,
Et puis quand j'ai connu qu'une ferme était là,
Je m'ai dit : mon sergent, c'est moi que je m'en charge,
Et je m'en suis chargé sur mon dos, et voilà !

— C'est bien, petit, très bien ! tu sais.

>   — Je m'en rapporte.

— Mais c'est très bête aussi de t'être évertué
A ramasser un vieux cadavre de ma sorte :
Je ne suis pas blessé, conscrit, je suis tué.

— Ne dites donc pas ça, sergent, c'est pas comique,
Voyons, ça vous connaît, le plomb, ça vous a vu ?
Et puis tous ces rubans là-bas, sur la tunique,
Ça ressuscite un mort ?

>   — Pas quand il est vaincu !
Mets-les au pied du lit, pourtant, que je les voie.
Ah ! Inkermann, l'Alma, Palestro, Magenta !
Mes vieux honneurs, mes vieux dangers, ma vieille joie !
Tout ça, c'était bien beau ! c'est bien fini, tout ça !...

— Faut pas pleurer, sergent, dit l'enfant tout en larmes.

— Faut pas se souvenir non plus, mais le moyen ?
Enfin, je pars n'ayant jamais rendu mes armes,
Dix contre un, c'était trop ! cinq heures ce fut bien !

. . . .

Quand tu m'enterreras, comme le temps te presse,
Fais ça tout seul, un trou, deux branches, ça suffit.
Et pas de nom, la lettre arrive sans adresse !
Mais pour que le bon Dieu n'en fasse pas trop fi,
Tu me cachèteras avec mes cinq médailles ;
Il comprendra très bien que ça veut dire : urgent !
Car le bon Dieu s'appelle aussi Dieu des batailles :

Dis donc, conscrit ! il va me renommer sergent... »

Un sourire éclaira cette face défaite
Où la vie éclatait jusque dans le trépas.

« Tu partiras, pas vrai, sitôt la chose faite,
Et tu prendras ma croix d'honneur... tu la prendras ;
Et quand dans les combats qu'on va livrer encore,
Quand dans des jours... des jours moins désastreux qu'hier
Tu seras décoré par celui qui décore,
Promets-moi de porter ma croix, j'en serai fier ! »

Un frisson glacial envahit tout son être.

« Conscrit, murmura Jacque, en le touchant du doigt,
Embrasse-moi, conscrit... embrasse ton vieux maître...
Ah ! s'il laissait beaucoup d'élèves comme toi... »

Mais un jet de sang noir s'échappa de sa bouche :
Un éclair traversa ses grands yeux éblouis.
Et, s'étant soulevé dans un élan farouche,
Le sergent retomba, disant : « Pour mon Pays ! ! ! »

LE SECRET DE THÉODORE

Saynète en un acte

Par M. Eugène VERCONSIN.

PERSONNAGES

MADAME DE BRÉVAL, trente ans.
BÉRENGÈRE, sa nièce, seize ans.

LE SECRET DE THÉODORE

Boudoir. — Cheminée avec glace ; vase rempli de roses ; pendule. — Deux portes. — Guéridon chargé de papiers, brochures. — Fauteuil et chaise près du guéridon.

SCÈNE PREMIÈRE

BÉRENGÈRE, entrant, va regarder à la pendule.

Quelle heure est-il ? Deux heures et demie, et monsieur Théodore de Champrozé doit venir à trois heures. Ah ! je suis bien émue, car cette visite aura des conséquences très graves. (*Remarquant le vase de fleurs.*) Ah ! les belles roses ! Si j'en mettais une dans mes cheveux (*Elle agit tout en parlant.*), là, derrière l'oreille. Monsieur de Champrozé me disait, l'autre soir, qu'il ne trouvait rien de charmant comme une rose... une seule, ainsi placée, derrière l'oreille... Mon Dieu ! ce n'était là qu'un enfantillage de sa part ; mais ce qu'il m'a dit hier, en sortant du bal du ministère, est beaucoup plus sérieux :
— « Mademoiselle Bérengère, a-t-il murmuré en m'aidant à passer mes fourrures, je dois rendre visite, demain, à trois heures, à madame de Bréval, votre tante, et lui faire une demande de la plus haute importance pour moi. Puis-je espérer que vous serez favorable à cette demande en consentant de votre côté... » Par malheur, un valet, un grand bêta de valet est venu l'interrompre,

pour nous dire que notre voiture était avancée. Ma
tante... ma cousine, veux-je dire... (*Souriant.*) parce que,
depuis quinze jours, depuis qu'elle m'a fait sortir du
couvent, ma tante désire que je l'appelle ma cousine. —
« C'est plus gentil, » dit-elle. — Coquette de tante, va!...
Ma... cousine donc s'est rapprochée de nous, et nous
sommes parties sans que M. de Champrozé ait pu ache-
ver sa phrase. Mais je la devine, moi, la fin de sa phrase.
— « Puis-je espérer, mademoiselle, que vous serez favorable à ma demande en consentant, de votre côté... à
m'accorder votre main ? » — La voilà, la fin de sa phrase.
Car il est évident que M. Théodore m'aime. Il ne m'a
pas dit encore : Mademoiselle, je vous aime !... parce
que c'est un jeune homme très timide; mais son assiduité
aux lundis et aux vendredis de ma tante... non, de ma
cousine — je ne pourrai jamais m'y habituer —; ses airs
mélancoliques, mystérieux... C'est vrai, cela; la première fois que j'ai eu l'occasion de causer avec lui, je
me suis dit : ce jeune homme a un secret dans le cœur...
secret qui m'a bientôt été expliqué par ses attentions
pour moi, par ses prévenances pour ma tante elle-même...
Ces jeunes gens sont très malins; ils sont aux petits soins
avec les tantes pour mieux avancer leurs affaires avec
les nièces... Et puis, cette nuit, au bal, il m'a invitée sept
fois à valser, et l'on n'invite pas sept fois une jeune
personne sans avoir une arrière-pensée... Il valse très
bien du reste... à faire un rapide chemin, dit-on, dans
sa carrière administrative; car M. de Champrozé est un
de nos futurs sous-préfets, plus tard préfet... Ce serait
assez gentil d'être préfète... Ai-je l'air d'une préfète?
(*Elle se regarde dans la glace.*) Pourquoi pas ?... Mon
Dieu, comme mon col me monte ! Il me coupe la respi-

ration, mon col. Il n'est pas assez échancré, comme dit
le général Brismontier. (*Confidentiellement.*) Il ne trouve
jamais les cols assez échancrés, le général Brismontier,
l'amoureux de ma tante, lui. J'ai deviné cela la première
fois que je l'ai vu. Il dînait chez ma tante.... (*Bruit
extérieur.*) La voici. Allons vite changer de col avant
qu'elle n'ait vu celui-ci. (*Elle sort par une porte, tandis
que madame de Bréval entre par l'autre.*)

SCÈNE DEUXIÈME

MADAME DE BRÉVAL

(*Elle va regarder à la pendule.*) Quelle heure est-il ?
Deux heures trois quarts, et monsieur Théodore de
Champrozé va venir à trois heures. En vérité, me voilà
tout émue, car cette entrevue aura des conséquences
décisives. (*Remarquant le vase de fleurs.*) Oh ! les belles
roses ! Si j'en plaçais deux dans mes cheveux, là, (*Elle
agit.*) sur le devant... Monsieur Théodore me disait der-
nièrement qu'il ne trouvait rien de charmant comme
deux roses... deux seulement... ainsi posées dans la che-
velure d'une femme... Faisons vite, avant que Bérengère
ne vienne. Cette petite remarque tout et serait capable de
m'accuser de coquetterie. Moi, coquette ! Grand Dieu,
non !... mais désireuse de ne pas déplaire à ce jeune
homme qui, aujourd'hui même, va solliciter ma main,
car sa lettre ne me laisse aucun doute sur ses intentions...
Qu'en ai-je donc fait ? (*Elle cherche la lettre sur le guéridon.*) Qu'importe... Pauvre monsieur Théodore ! il n'a
osé, jusqu'à ce jour, me faire l'aveu de ses sentiments,

parce que c'est un jeune homme d'une excessive timi-
dité; mais tout me les a révélés : la fréquence de ses
visites depuis qu'il m'a été présenté, sa subite passion
pour la musique, qui lui permet d'en faire avec moi; ses
attentions pour moi, tout, jusqu'à ses politesses pour Bérengère, ma nièce. Ces jeunes gens sont très adroits ; ils
sont très aimables avec les nièces pour mieux plaire à
leurs tantes. Allons, on aura compassion de vous,
monsieur, et, pour vous, on affrontera encore une fois ce
redoutable inconnu qu'on appelle le mariage. (*Elle s'asseoit.*) Le général va être désolé, par exemple. Pauvre général! il m'aurait adorée pourtant, et je l'aurais mené...
de haute main, tout général qu'il est... oui, mais... mais
il a cinquante-cinq ans, tandis que M. de Champrozé...
(*Soupirant.*) il est même bien jeune, monsieur de Champrozé, vingt-cinq ou vingt-six ans, dit-on... tandis que
moi... Eh bien! puisque mes meilleures... ennemies ne
m'en donnent que vingt-sept, nous serons presque du
même âge... (*Bérengère chante dans la coulisse.*) Ah!
voici Bérengère qui s'annonce... J'ai bien envie de la
mettre au courant de l'évènement qui se prépare... Mais
comment aborder la question? (*Elle s'asseoit près du
guéridon et prend une brochure.*)

SCÈNE TROISIÈME

MADAME DE BRÉYAL, BÉRENGÈRE.

BÉRENGÈRE, à part.

Toute réflexion faite, je vais prévenir ma tante de la
demande probable de M. Théodore et de mon consentement certain. (*Haut.*) Bonjour, ma t... cousine.

MADAME DE BRÉVAL.

Bonjour, chère enfant... Comme te voilà belle, ce matin, et que cette rose dans tes cheveux...

BÉRENGÈRE

Oh ! ne parlons pas de mes cheveux devant les vôtres, ma cousine. Hier encore monsieur de Champrozé m'en faisait un éloge !

MADAME DE BRÉVAL, à part.

Elle y vient d'elle-même. (*Haut*.) Ah ! il s'occupe de mes cheveux, monsieur de Champrozé?

BÉRENGÈRE

Bien d'autres s'en occupent.

MADAME DE BRÉVAL.

Et qui donc, mademoiselle?

BÉRENGÈRE

Mais le général Brismontier, par exemple.

MADAME DE BRÉVAL

Enfant ! viens t'asseoir là, près de moi, et causons comme deux amies, d'autant que j'ai une confidence à te faire.

BÉRENGÈRE, s'asseyant.

Tiens ! moi aussi.

MADAME DE BRÉVAL

Toi, mignonne?... voyons.

BÉRENGÈRE

Vous, d'abord.

MADAME DE BRÉVAL.

Non, toi.

BÉRENGÈRE

Ce ne serait pas convenable.

MADAME DE BRÉVAL

C'est juste. Le droit d'aînesse.

BÉRENGÈRE, protestant.

Ah !

MADAME DE BRÉVAL

Eh bien ! que dirais-tu, si tu apprenais que quelqu'un sollicite ma main ?

BÉRENGÈRE, à part.

Le général, j'avais deviné. (*Haut.*) Mais je dirais que je comprends très bien ce quelqu'un là ; que, belle et jeune comme vous êtes...

MADAME DE BRÉVAL

Jeune ! J'ai trente ans.

BÉRENGÈRE

Eh bien ! trente ans. C'est l'âge privilégié, comme dit le général, l'âge où la beauté s'épanouit.

MADAME DE BRÉVAL

Il ne sait ce qu'il dit, le général, et j'échangerais volontiers son âge... privilégié contre tes seize ans, ma mignonne.

BÉRENGÈRE

Oh ! mes seize ans ; c'est l'âge ingrat, celui-là ; l'âge

des bras maigres, des coudes pointus et des angles
partout.

MADAME DE BRÉVAL.

Sauf les exceptions, coquette.

BÉRENGÈRE, avec un soupir de satisfaction.

Dame! on fait ce qu'on peut, ma cousine. Mais il
ne s'agit pas de moi; il s'agit de vous et de vos pré-
tendus trente ans, que vous ne paraissez pas. D'ailleurs,
puisque le général en a plus de cinquante.

MADAME DE BRÉVAL, surprise.

Le général!

BÉRENGÈRE

Ah! pardon de l'avoir nommé. Mais je l'avais deviné.

MADAME DE BRÉVAL

Permets...

BÉRENGÈRE

Ah! c'est que je ne suis plus une petite fille et que je
vois et comprends déjà bien des choses : tenez, ne vous
moquez pas de moi; mais, le lendemain de ma sortie
du couvent et de mon installation près de vous, le
général dînait ici. Il était même votre voisin de table...

MADAME DE BRÉVAL.

Naturellement.

BÉRENGÈRE

Eh bien! Rien qu'au son de sa voix quand il vous a
offert des olives... (*Imitant le général.*) « acceptez-vous
des olives, chère madame? » j'ai deviné qu'il vous ado-

rait et que cela voulait dire : « — M'accepterez-vous pour époux, chère madame ?

MADAME DE BRÉVAL

Voyez-vous, cette petite rusée! Seulement, vous vous êtes trompée, mademoiselle.

BÉRENGÈRE

Comment!

MADAME DE BRÉVAL

Il est possible que le général ait les pensées que tu lui prêtes, mais... mais d'abord, il pourrait être mon père.

BÉRENGÈRE

Oh! il est si bien conservé!

MADAME DE BRÉVAL

Conservé! conservé!... Tu en parles... (*A part.*) Elle en parle à son aise. (*Haut.*) Enfin, il ne s'agit pas du général.

BÉRENGÈRE, surprise.

Ah!

MADAME DE BRÉVAL

Il s'agit si peu de lui, qu'aujourd'hui même, je l'ai consigné à ma porte, attendu qu'il me menaçait de sa visite, et qu'aujourd'hui précisément, j'attends le jeune homme dont les intentions...

BÉRENGÈRE

C'est un jeune homme?

MADAME DE BRÉVAL

C'est un jeune homme que tu vois ici aussi souvent que le général... Mon Dieu! je ne te dirai pas de quel ton il m'offre des olives, bien qu'il dinât hier encore chez moi.

BÉRENGÈRE, se levant.

Hier! c'est donc monsieur de Champrozé!

MADAME DE BRÉVAL

Lui-même.

BÉRENGÈRE, cachant son émotion.

Ah! et il vous a dit qu'il vous aimait?

MADAME DE BRÉVAL

Tout me l'a dit. Dès le premier jour où il m'a été présenté, j'ai compris que ce jeune homme avait un secret dans le cœur.

BÉRENGÈRE

Ah!

MADAME DE BRÉVAL

Secret dont j'ai eu bien vite l'explication : son assiduité dans mon salon...

BÉRENGÈRE, à part.

Où nous sommes deux, ma tante.

MADAME DE BRÉVAL

Ses prévenances à mon égard.

BÉRENGÈRE, à part.

A notre égard.

MADAME DE BRÉVAL

Ses allures discrètes, embarrassées même ; cette passion pour la musique qui s'est emparée de lui, le lendemain du jour où il m'avait entendue chanter chez le sous-secrétaire d'État, notre oncle.

BÉRENGÈRE

Que dit-elle ?

MADAME DE BRÉVAL

Ce lendemain-là, ma chère, M. de Champrozé se souvenait qu'il a aussi une fort jolie voix et il me demandait la permission de faire de la musique avec moi. Depuis lors, tu sais qu'il vient ici presque tous les jours.

BÉRENGÈRE

Sans doute, puisque je suis toujours là.

MADAME DE BRÉVAL

Sauf jeudi dernier où tu étais aux courses.

BÉRENGÈRE, à part.

C'est vrai.

MADAME DE BRÉVAL

Ce jour-là, mignonne, monsieur Théodore paraissait si troublé, pendant que nous chantions, et poussait de tels soupirs à chaque mesure, que j'eus compassion de lui. — « Mais vous voyez donc des soupirs partout, lui dis-je, en jouant sur les mots ? »

BÉRENGÈRE, à part.

Oh ! la coquette !

MADAME DE BRÉVAL

Il allait me répondre quand tu es entrée, chère petite,
bien malencontreusement.

BÉRENGÈRE

Ah !

MADAME DE BRÉVAL

Aussi, le pauvre petit garçon a-t-il pris le parti de m'é-
crire. (*Cherchant de nouveau sur le guéridon.*) Je voulais te montrer sa lettre.

BÉRENGÈRE

C'est inutile.

MADAME DE BRÉVAL

Tu dis ?

BÉRENGÈRE

Je dis, ma cousine, que vous avez grand'raison de vous
remarier, si vous ne redoutez pas une union... peut-être
disproportionnée.

MADAME DE BRÉVAL, surprise.

Hein !

BÉRENGÈRE

Monsieur de Champrozé a vingt-cinq ans.

MADAME DE BRÉVAL

Vingt-six.

BÉRENGÈRE

Et vous en avez trente.

MADAME DE BRÉVAL

Mais je ne les parais pas. C'est toi-même qui le disais.

BÉRENGÈRE, à part.

Mais vous les avez.

MADAME DE BRÉVAL

D'ailleurs, c'est assez parler de moi... N'avais-tu pas aussi une confidence à me faire?

BÉRENGÈRE

Pas du tout.

MADAME DE BRÉVAL

Comment! quand tout à l'heure...

BÉRENGÈRE

Mais...

MADAME DE BRÉVAL

Ah! confidence pour confidence, ma petite cousine.

BÉRENGÈRE

Vous le voulez? Eh bien!...

MADAME DE BRÉVAL

Eh bien?

BÉRENGÈRE

Eh bien! je veux retourner au couvent pour me faire religieuse.

MADAME DE BRÉVAL

Plaît-il?

BÉRENGÈRE

Ce que j'ai vu du monde ne m'a laissé que désillusion,

et je préfère le couvent... Je voudrais même me faire carmélite.

MADAME DE BRÉVAL

Carmélite!

BÉRENGÈRE

N'est-ce pas l'ordre le plus étranger au monde, le plus austère?

MADAME DE BRÉVAL

Ah çà! mais c'est de la démence. Tu vas m'expliquer...

BÉRENGÈRE

Jamais !

MADAME DE BRÉVAL

Comment! Jamais?

LE DOMESTIQUE, entrant.

Monsieur de Champrozé fait demander si madame veut bien le recevoir.

MADAME DE BRÉVAL

Lui!

BÉRENGÈRE

Allez recevoir monsieur de Champrozé, ma cousine.

MADAME DE BRÉVAL

Sans doute, (*Elle congédie du geste le domestique.*) puisque j'ai autorisé sa visite. Mais je vais l'abréger autant que possible, car il me tarde de savoir...

BÉRENGÈRE

Monsieur de Champrozé vous attend.

MADAME DE BRÉVAL

C'est vrai... A tout à l'heure, mignonne, à tout à l'heure. (*A part.*) Je tremble comme une jeune fille.

(*Elle sort.*)

SCÈNE QUATRIÈME

BÉRENGÈRE, seule.

C'était ma tante qu'il aimait ! car elle est ma tante, quoi qu'elle dise, et pas du tout ma cousine. Et j'avais cru... ô folle ! folle ! folle ! Moi, je n'étais qu'un jouet pour lui, une poupée qu'il faisait danser pour mieux plaire à ma tante... (*Elle s'asseoit près du guéridon.*) comme autrefois, je me souviens, certain militaire me faisait sauter à la corde, aux Tuileries, pour mieux plaire à Annette, ma bonne. Annette a même été renvoyée à cause de ce militaire-là. Décidément, le monde est plein de perfidies et j'ai bien raison de vouloir le quitter... (*Silence. Avec un accent plaintif.*) Je sais bien que c'est une terrible existence que celle qui m'attend aux Carmélites. Il paraît qu'on y jeûne sept mois de l'année, qu'on n'y fait jamais de feu, même au cœur de l'hiver, qu'on y demeure à genoux, des heures entières, sur la pierre glaciale ! Eh bien ! tant mieux ! car cette redoutable vie me tuera promptement, et, quand je serai morte, eh bien ! je n'aurai plus de chagrin. (*Elle s'accoude sur le guéridon et pleure un instant en silence. Une lettre attire son regard.*) Qu'est-ce que c'est que cela ? (*Elle prend la lettre.*) Mais c'est la lettre de monsieur de Champrozé. Je puis bien la lire, puisque ma

tante voulait me la montrer. (*Elle lit.*) « Madame, ce
« n'est pas sans trouble et sans hésitations que je me
« décide à vous adresser cette lettre... » (*Parlé.*) C'est bien
cela. Les troubles de l'amour! (*Lisant.*) « La demande
« que j'ai à vous faire est-elle follement ambitieuse ou
« seulement prématurée? Aura-t-elle au contraire la
« bonne fortune d'être exaucée par vous? » (*Parlé.*) La
bonne fortune! (*Lisant.*) « J'ose vous prier, madame, de
« mettre fin à cette incertitude en consentant à m'accor-
« der un instant d'entretien, demain, à trois heures... »
(*Elle se lève.*) (*Parlé.*) C'est assez clair, en effet!... C'est...
(*Moment de silence et de réflexion durant lequel Bérengère demeure les yeux ardemment fixés sur la lettre.*)
Est-ce assez clair?... Mais non. Car enfin, monsieur de
Champrozé ne s'explique pas positivement et ne dit
nulle part qu'il aime ma tante plutôt que... toute autre.
(*Relisant.*) — « Madame, la demande que j'ai à vous
« faire est-elle follement ambitieuse ou seulement pré-
« maturée? » (*Parlé.*) Follement ambitieuse peut s'ap-
pliquer à toutes deux, car si ma tante est un beau parti,
comme on dit dans ce misérable monde, il paraît que,
moi aussi, je suis une riche héritière. Quant au mot
prématurée, il s'explique à merveille s'il est question de
moi. — « Mademoiselle votre nièce est peut-être bien
« jeune encore » — Mais il ne s'explique pas du tout,
s'il s'agit de ma tante. Il y a urgence au contraire pour
ma tante, puisqu'elle a plus de trente ans, ma tante.
Et puis j'en reviens toujours à la phrase de monsieur
Théodore hier au bal : « Mademoiselle, puis-je espérer
« que vous serez favorable à ma demande en consentant
« de votre côté. » Ma tante n'a pas besoin de mon consentement pour se marier, elle! Les tantes n'ont pas

besoin du consentement de leurs nièces pour se marier. Cette phrase ne la concerne donc pas, elle! Mais alors, quel espoir!... (*Madame de Bréval reparaît.*) Ma tante!

SCÈNE CINQUIÈME

BÉRENGÈRE, MADAME DE BRÉVAL.

(Madame de Bréval, qui paraît en proie à une vive émotion, commence une promenade rapide et silencieuse en jouant fébrilement de son éventail.)

BÉRENGÈRE

Qu'a-t-elle donc?... (*Haut.*) Qu'avez-vous, ma cousine?

MADAME DE BRÉVAL, avec colère.

J'ai chaud.

BÉRENGÈRE

Plaît-il?

MADAME DE BRÉVAL

J'ai chaud. (*Elle reprend sa course.*) Ah! c'est inouï! inouï! Et moi qui m'imaginais...

BÉRENGÈRE

Qui vous imaginiez?...

MADAME DE BRÉVAL

Que ce petit sot m'adorait.

BÉRENGÈRE

Il ne vous aime pas?

MADAME DE BRÉVAL

Non, ce n'est pas moi qu'il aime!

BÉRENGÈRE, à part.

Pas elle!

MADAME DE BRÉVAL

Il a placé ses amours ailleurs.

BÉRENGÈRE

Ailleurs... (*A part.*) mais alors...

MADAME DE BRÉVAL, avec une fureur concentrée.

Sais-tu ce qu'il est venu me demander?

BÉRENGÈRE

Comment voulez-vous que je le sache? (*A part.*) Elle me regarde avec des yeux féroces.

MADAME DE BRÉVAL

Il est venu me demander ma haute protection... la tienne aussi, ma chère, auprès de notre oncle le sous-secrétaire d'État, pour obtenir... tiens! j'en ris à présent.

BÉRENGÈRE

Pour obtenir?

MADAME DE BRÉVAL

Pour obtenir les palmes d'officier d'Académie !

BÉRENGÈRE

Vous dites?

MADAME DE BRÉVAL

C'étaient les palmes d'officier d'Académie qu'il aimait

ce jeune homme! Les palmes d'officier d'Académie, tel était le but de ses secrètes convoitises! Noble récompense, bien due, dit-il, au vif désir qu'il a de l'obtenir. Distinction précieuse qu'il serait bien heureux de tenir de notre concours protecteur.

BÉRENGÈRE

C'était pour cela?

MADAME DE BRÉVAL

Pour cela que, depuis un mois, ce petit monsieur ne quitte plus mon salon, pour cela qu'il s'épuise, qu'il m'épuise, en duos interminables...

BÉRENGÈRE

Pour cela qu'il me demande toutes mes valses...

MADAME DE BRÉVAL

L'hypocrite!

BÉRENGÈRE

Oh! les hommes!... Votre éventail, je vous prie. (*Elle prend l'éventail de madame de Bréval et s'évente avec rage.*)

MADAME DE BRÉVAL

Qu'as-tu donc?

BÉRENGÈRE

J'ai chaud.

MADAME DE BRÉVAL

Merci, chère petite, de la part que tu prends à ma déconvenue.

BÉRENGÈRE

Il n'y a pas de quoi, ma cousine... Les hommes ne sont que de vulgaires ambitieux.

MADAME DE BRÉVAL

Des êtres sans cœur.

BÉRENGÈRE

Sans âme.

MADAME DE BRÉVAL

Aussi, laissons-là ce monsieur, et revenons à toi, ma chérie, et à l'étrange idée que tu as de rentrer au couvent.

BÉRENGÈRE

Oh! mais je plaisantais, ma cousine.

MADAME DE BRÉVAL

Ah! tu...

BÉRENGÈRE

Plus que jamais, je veux aller dans le monde, au bal, y danser, y cotillonner, y coqueter même, et faire tourner la tête à tous mes danseurs, afin de les rendre ensuite très malheureux.

MADAME DE BRÉVAL

Jusqu'au jour, pauvre petite, où l'un deux s'emparera de ton cœur.

BÉRENGÈRE

Oh! cela... je vous jure que non.

MADAME DE BRÉVAL

Il ne faut jurer de rien.

LE DOMESTIQUE, annonçant.

Le général Brismontier.

MADAME DE BRÉVAL

Lui! Malgré ma consigne! Eh bien! il paiera pour tout le monde.

BÉRENGÈRE

Vous le renvoyez?

MADAME DE BRÉVAL

Non... (*Avec un geste de commandement.*) je l'épouse.

Fin.

L'HOMME AUX PIEDS RETOURNÉS

Monologue

Par M. Charles CROS.

LES ENFANTS AVANT TOUT!

Comédie en un acte

Par M. Ernest D'HERVILLY.

8.

PERSONNAGES

BROCOLI, vieillard économe et pratique.

CROSTOLO, notaire nerveux.

FRIOUL, simple marchand de melons d'eau.

CALATANISETTA, servante du signor Brocoli.

Naples, fin du XVIIIe siècle.

LES ENFANTS AVANT TOUT !

Un salon modestement meublé. — Porte au fond.
Portes latérales.

SCÈNE PREMIÈRE

FRIOUL, CALATANISETTA.

FRIOUL, ironiquement.

J'ai l'honneur de vous répéter pour la dernière fois, signora Calatanisetta, qu'il n'est pas, dans tout Naples, un marchand de melons d'eau et de citrons plus fidèle à sa parole que l'homme qui se déclare en ce moment le très humble serviteur de Votre Jalousie.

CALATANISETTA, même ton.

Et moi, je suis la très humble servante de Votre Tromperie, signor Frioul. J'ai vu ce que j'ai vu, et je sais ce que je sais. Je ne serai jamais la femme d'un homme qui courtise toutes les filles à marier de Naples !

FRIOUL

Ah ! vous le prenez sur ce ton, signora Calatanisetta ?

CALATANISETTA

Je le prends sur le ton qui convient avec vous, signor Frioul.

FRIOUL

C'est un congé que je reçois alors ?

CALATANISETTA

C'est votre liberté que je vous rends.

FRIOUL

Tout de bon ?

CALATANISETTA

Vous en êtes fort aise.

FRIOUL, *fausse sortie.*

C'est bien ; je me retire. Vous me voyez pour la dernière fois, signora Calatanisetta !

CALATANISETTA, *rangeant les meubles.*

Adieu, signor Frioul.

FRIOUL, *revenant sur ses pas.*

Vous le voulez ?

CALATANISETTA

Je vous demande pardon de ne pas insister pour vous retenir, mais j'ai mon service à faire. Mon maître, le signor Brocoli, va rentrer dans l'instant. Il faut que tout soit en ordre à son arrivée.

FRIOUL, *piqué.*

Adieu donc, Calatanisetta ! Adieu pour jamais !

CALATANISETTA, *avec une révérence.*

Bonjour, Frioul.

    (Frioul sort d'un côté, Calatanisetta de l'autre.)

SCÈNE DEUXIÈME

BROCOLI, CROSTOLO.

BROCOLI (Il entre par le fond, suivi de Crostolo.)

D'après ce que nous avons surpris de leur conversation, mon cher tabellion...

CROSTOLO

Notaire, s'il vous plaît, signor Brocoli.

BROCOLI

J'entends bien. Donc, mon cher tabellion...

CROSTOLO

Notaire !

BROCOLI

D'accord. Mais si vous m'interrompez à chaque mot, signor Crostolo, il me sera évidemment impossible de vous dire rapidement pourquoi, tout à l'heure, vous rencontrant sur la place, comme j'allais chez vous, je vous ai forcé de m'accompagner chez moi.

CROSTOLO

Je vous écoute. Mais faites vite ! Mon étude regorge de clients. Je suis pressé. C'est jour de marché. Au fait ?

BROCOLI

En deux mots, voici l'affaire, impatient tabellion...

CROSTOLO

Notaire, je vous en prie.

BROCOLI

Soit ! — Mon cher tabellion, je suis au comble du bonheur !

CROSTOLO

Au comble ? — Mes compliments ! — Pour moi, je n'en suis encore qu'au rez-de-chaussée.

BROCOLI

Signor Crostolo, il est de ces jeux de mots que la gravité de votre profession devrait vous interdire du matin au soir. — Mais il n'importe ! — Je vous disais donc que je suis très heureux, et ce que nous venons d'entendre n'est pas fait pour diminuer ma joie... Cela renverse, au contraire, bien des obstacles que je croyais insurmontables.

CROSTOLO

Si je comprends un mot à ce que vous me dites, je veux bien être pendu sur l'heure.

BROCOLI

Il y a temps pour tout. Attendez. Je vais m'expliquer. Ma servante, la petite Calatanisetta...

CROSTOLO

Une jolie créature, entre nous. De l'œil, des cheveux, des dents !... — Ravissante !

BROCOLI

Voilà encore une de ces réflexions que la gravité de vos fonctions devrait vous interdire absolument, perspicace tabellion.

CROSTOLO

Notaire, par saint Janvier!

BROCOLI

J'entends bien. Mais passons. Donc, la petite Calatanisetta, qui a vos suffrages, vient de se fâcher à tout
jamais avec son futur mari, avec ce drôle, avec ce vul-
gaire Frioul, que vous venez de voir sortir précipi-
tamment.

CROSTOLO

Je vous l'ai déjà dit, signor Brocoli. Je n'ai pas de
temps à perdre. Je suis dévoré d'impatience. On m'attend
dans mon cabinet. Je suis vif, vous le savez. Abrégez, ou
je vous fausse compagnie.

BROCOLI

Vous auriez tort; vous y perdriez les honoraires d'un
bon contrat que vous allez me rédiger sur l'heure.

CROSTOLO

Un contrat?

BROCOLI

J'épouse Calatanisetta aujourd'hui.

CROSTOLO

Vous?

BROCOLI

Moi. — Et pourquoi pas?

CROSTOLO

Vous! A votre âge! Mais vous voulez donc être...
avant de mourir.

BROCOLI

C'est bien possible. Mais qu'est-ce que cela? En tout cas, à mon âge, subtil Crostolo, j'aurai moins de temps qu'un autre à rester ce que je puis être, si ce que vous pensez doit me tomber sur la tête un jour: voilà tout!

CROSTOLO

Mais quel démon vous pousse à vous marier. Répondez-vite!

BROCOLI

Ce n'est pas le démon, c'est l'ange qui veille sur mon berceau! Et c'est un conseil excellent que celui qu'il donne à l'orphelin que je suis. J'apprécie Calatanisetta, depuis longtemps. Je suis un homme pratique. Je veux m'assurer pour le restant de mes jours, en l'épousant, la plus charmante et la plus empressée des ménagères...

CROSTOLO

Bon! Je commence à voir clair, et la signora Brocoli sera pour vous une servante à laquelle vous ne donnerez plus de gages que ceux d'un tendre amour...

BROCOLI, froissé.

Signor tabellion!

CROSTOLO

Notaire, sans vous commander!

BROCOLI

J'entends bien. — Je vous répète que mon unique désir est de m'attacher pour toujours une compagne délicieuse; Calatanisetta sera pour moi une femme sans prix.

CROSTOLO

C'est bien ce que je disais. — Mais brisons-là, signor Brocoli. Je n'ai pas à vous donner de conseils. Épousez-la, ne l'épousez pas, cela m'est bien égal. L'important pour moi, c'est que je puisse retourner promptement à mon étude. Je suis sûr que mes clercs n'ont pas mis un seul point sur leurs *i* et que pas un de leurs *t* n'est barré, depuis que vous me tenez là à me conter des balivernes!

BROCOLI, en colère.

Des balivernes! — Des balivernes! Savez-vous, signor tabellion!...

CROSTOLO

Notaire.

BROCOLI

Soit. Savez-vous que je suis encore bien portant et bien vivant, malgré mes soixante cinq...

CROSTOLO

Neuf.

BROCOLI

Cinq!

CROSTOLO

Neuf.

BROCOLI

Soit: neuf. Mais je vous répète que je suis encore bien vivant et que je n'aime pas qu'on traite mes discours de balivernes.

CROSTOLO

Oui, ce sont des balivernes. — Mais qu'est-ce que

ça me fait que vous soyez encore bien vivant! Croyez-vous que je tremblerais davantage, si vous étiez un moribond ?

BROCOLI

Qu'est-ce à dire ?

CROSTOLO

Cela veut dire que je ne puis souffrir qu'on abuse de ma patience, quelque âge que l'on ait. En voulez-vous un exemple? — L'autre jour, on m'appelle au chevet d'un mourant. Je m'y installe. Croiriez-vous que cet animal-là, profitant de ce qu'il n'avait plus que le souffle, se permet d'ânonner ses dernières volontés, comme s'il était plein de santé et qu'il eût du temps à perdre. Ma foi, après une heure de ce supplice, je n'y ai plus tenu. Je suis vif; vous le savez. Je me suis tourné vers l'agonisant et je lui ai flanqué les deux plus beaux soufflets du monde!

BROCOLI

Sainte Madone !

CROSTOLO, avec confusion.

Tout le monde a dans sa vie de ces instants de faiblesse.

BROCOLI

C'est ce que vos confrères qui sont aux galères disent sans cesse. — Mais vous l'avez tué net, le malheureux !

CROSTOLO

Lui! — Vous n'y êtes pas! Ce mouvement de vivacité, que je regrette, pour plusieurs raisons, a déterminé une telle révolution dans ses entrailles, que je lui ai été plus utile que vingt apothicaires armés jusqu'aux dents. Le lendemain, il allait beaucoup mieux, mais il a refusé de me payer ma vacation. Aujourd'hui, il se porte comme vous et moi, et je l'assigne devant les tribunaux.

BROCOLI

Voilà qui est réellement extraordinaire!

CROSTOLO

Pas si extraordinaire que votre subite envie de vous marier. Mais en voilà assez sur ce sujet bouffon. Adieu. Ce que mes clercs ont écrit de *t* sans les barrer doit être incalculable! Je vais être obligé de déchirer toutes leurs minutes. Adieu!

BROCOLI, le retenant.

Crostolo! Écoutez-moi donc, irascible tabellion...

CROSTOLO

Notaire, sang du Christ! Notaire!

BROCOLI

J'entends bien. Je vous dis que vous allez retourner chez vous à l'instant rédiger un contrat en bonne et due forme, et que je viendrai dans une heure vous y rejoindre avec Calatanisetta et nos témoins, pour le signer d'une plume retentissante! M'avez-vous compris?

CROSTOLO

Trop! mais avez-vous le consentement de la future signora Brocoli, tout d'abord!

BROCOLI

Je l'aurai dans quelques minutes. Ne vous inquiétez pas de cela, mon cher tabellion.

CROSTOLO

Notaire! Êtes-vous sourd? notaire!

BROCOLI

Soit. A tout à l'heure, pétulant officier ministériel.

CROSTOLO

A tout à l'heure, pressé de mourir que vous êtes, vieillard.

BROCOLI

A tout à l'heure, atrabilaire grossoyeur de parchemins!

(*Sortie de Crostolo.*)

SCÈNE TROISIÈME

BROCOLI, seul.

Non, je ne suis pas un fou, signor Crostolo, tabellion royal! non! Loin de là! je suis un homme d'un certain âge, c'est vrai, mais doué d'un esprit éminemment pratique. La preuve, c'est que, mis soudain en présence d'une occasion admirable de m'enrichir à peu de frais, je n'ai pas perdu la raison, et que je vais saisir cette occasion par ses cheveux dorés. Mais récapitulons les faits. Ce qui m'arrive est si extraordinaire! Il y a huit jours, un matin, Calatanisetta vient me trouver en me disant : « signor Brocoli, j'ai rêvé cette nuit qu'au prochain tirage de la loterie Royale, les numéros 5, 17 et 21 sortiront infailliblement. Donnez-moi trois livres

pour que j'aille les mettre sur ce *terne*. » D'abord, j'ai
hésité. Trois livres, c'est de l'argent! mais Calatanisetta
m'en pria si fort, que je déliai le cordon de ma bourse,
et elle courut sur l'heure au bureau le plus voisin. Ce
matin, passant devant la loterie, la chose me revient en
mémoire. Je consulte, en regrettant déjà notre argent,
le tableau du dernier tirage, et qu'est-ce que je vois? Je
vois que les numéros 5, 17 et 21 sont sortis hier! Calatanisetta a gagné un nombre énorme de fois sa mise.
C'est une somme de près de cinquante mille livres qui
lui revient. Elle ne se doute encore de rien. La chère
enfant! A l'instant, une idée d'homme pratique éclôt
dans mon esprit. Je connais les défauts du sexe féminin,
sa faiblesse, sa propension à jeter l'argent par les croi-
sées et je me dis qu'il serait d'un honnête homme de
songer, sur le champ, à mettre Calatanisetta en garde
contre les entraînements d'une âme généreuse. Or, qui
pourrait veiller plus efficacement sur les folles façons
d'agir d'une jeune femme inexpérimentée qu'un mari
d'un certain âge, mais doué d'un esprit solide et pratique, tel que le mien. Épouser Calatanisetta est donc le
meilleur moyen de la sauver des pièges que l'on va
tendre à sa fortune subite, dont, en somme, je suis le
principal auteur, après le hasard. Donc, je vais épouser
Calatanisetta. Il y a bien un certain Frioul. Mais la
brouille qui les sépare depuis ce matin laisse entre eux
une place que je vais m'empresser d'occuper. Le tout
est de m'y glisser habilement. Ne tardons pas un
moment. Donnons l'assaut. (*Il appelle.*) Holà! Calatanisetta mia!

SCÈNE QUATRIÈME

BROCOLI, CALATANISETTA.

CALATANISETTA

Monsieur m'appelle?

BROCOLI

Ma chère enfant, un mot. — Mais tu as les yeux rouges! — Tu as pleuré? Oh! ne cherche pas à le dissimuler, un homme absolument indigne de toi t'a encore fait de la peine : je le devine. J'ai toujours pensé que tu serais très malheureuse avec cet homme-là, un vrai papillon sans cœur, allant de fleurs en fleurs, et quelles fleurs!

CALATANISETTA

Je ne le reverrai de ma vie!

BROCOLI

Et tu feras bien. — D'ailleurs, tu es destinée à occuper dans le monde une position bien supérieure à celle de marchande de cocoméro et de pastèques.

CALATANISETTA

Croyez-vous? Je ne suis qu'une pauvre servante, pourtant.

BROCOLI

Soit. Mais on a vu des rois épouser des bergères.

CALATANISETTA

Oh! si rarement!...

BROCOLI

Le fait s'est présenté rarement, c'est vrai; mais c'est parce que les rois se doivent avant tout au bien-être de leurs sujets; or, si tous les rois épousaient toutes les bergères, qui est-ce qui garderait les moutons dont la chair nous habille et dont la laine nous nourrit. Non, je me trompe; enfin, tu me comprends...

CALATANISETTA

Pas trop. Je sais seulement que je suis bien malheureuse et que je voudrais être morte.

BROCOLI, solennel.

Arrière ces pensées funèbres! Songe à tes petits enfants, mère dénaturée!

CALATANISETTA, tout à fait surprise.

Mes enfants? — Mais je n'en ai pas!

BROCOLI

Je veux dire à ceux que tu auras un jour. En toute chose, c'est à l'avenir qu'il faut d'abord penser. Or, c'est pour tes enfants futurs que je t'adjure d'oublier ce Frioul!

CALATANISETTA

Mais...

BROCOLI

C'est un grand sacrifice que je te demande, je le sais. Fais-le pour tes enfants, je t'en conjure!

CALATANISETTA

Pour mes enfants? Vous riez?

BROCOLI

Je suis sérieux comme un pénitent noir. Je te dis que si tu épouses Frioul, tes pauvres enfants auront une mère plus malheureuse que la pierre du chemin. Ah! les malheureux petits êtres! Ne les vois-tu pas, en guenilles, pâles de faim, errant par les rues, tendant la main, tandis que leur père, loin du foyer conjugal que tu inondes de tes larmes, rit et boit en compagnie de quelque lourde rivale. — Quelle misère!

CALATANISETTA, émue.

Sainte Madone, mais c'est affreux!

BROCOLI, pathétique.

Hélas! les chers mignons! Pas de pain! pas de vêtements! En voilà un qui tombe malade. Pas d'argent! En vain tu le berces sur ton sein épuisé! En vain tu le couvres de tes misérables habits. Il tremble de fièvre! Il a froid, il râle. Tu donnerais ta vie pour le sauver. C'est en vain. Il est trop tard, trop tard! — Il est mort!

CALATANISETTA, sanglotant.

Povero bambino! mon cher enfant!

BROCOLI, avec un bon sourire.

Mais si tu oubliais Frioul, si, pour punir cet ingrat, tu donnais ta main, à son nez et à sa barbe, à quelque sage et riche bourgeois de Naples, fût-il, ce riche et sage bourgeois, de l'âge, par exemple, que tu as l'habitude de me voir depuis longtemps, alors tes chers enfants, bercés dans des berceaux de soie et de rubans, dorlotés, gâtés, roses et joufflus, seraient plus heureux que des petits rois, en vérité!

CALATANISETTA, souriant.

Oh ! oui ! certainement !

BROCOLI, avec attendrissement.

Tiens, je les entends déjà courir et se jouer dans le jardin, leurs beaux cheveux bouclés pleins de fleurs, les yeux pleins de sourires, en appelant leur mère qui les regarde en versant des larmes de joie !

CALATANISETTA

Et qui les mange de baisers ! chers petits !

BROCOLI

Eh bien, ce sont ces chers petits... que tu adores déjà, n'est-ce pas ?

CALATANISETTA

De tout mon cœur !

BROCOLI

Eh bien, ce sont ces chérubins qui te crient : Maman, n'épouse pas Frioul ! Donne-nous pour père ce digne et bon signor Brocoli, qui fera tout ce qu'il pourra pour notre félicité, et qui mourra en nous léguant une fortune extrêmement convenable.

CALATANISETTA

Ah ! mon ami, que me dites-vous là ?

BROCOLI

Moi, je ne dis rien. — Ce sont tes enfants qui parlent, ce sont eux qui te supplient de sacrifier un amour éphémère de jeune fille à la tendresse durable d'une mère. Ils ont peur de Frioul. Ils meurent d'effroi en songeant que tu peux être assez égoïste, assez cruelle, pour leur préférer celui qui se rit de toi en ce moment encore sans doute sur la place du Marché, en offrant du citron à quelque fille des faubourgs!

CALATANISETTA

Oh! le monstre! — Oui, vous avez raison. Il le faut haïr. Tout plutôt que lui. Je vous épouse.

BROCOLI, à part.

Au moins, elle est franche. (*Haut.*) Eh bien, mon enfant, vous allez être bien vengée! Vous voilà signora. Et quelle toilette! Il en mourra de chagrin. Elle en mourra de rage aussi, celle qu'il vous préfère.

CALATANISETTA

Je n'y pensais pas. C'est vrai! Tant mieux! — Allons chez le notaire. Tout de suite! tout de suite!

BROCOLI

Tout de suite? Vous le voulez?

CALATANISETTA

Je vous en prie! Oui, ne perdons pas une seconde. Je voudrais qu'il fût déjà crevé de dépit, et qu'elle fût morte à mes pieds.

BROCOLI

Alors, venez! — Maître Crostolo nous bâclera un contrat à l'instant, et, partie servante de ces lieux, vous y rentrerez maîtresse absolue dans un quart d'heure. Songez que c'est pour vos enfants!

CALATANISETTA

Ah ! il faut bien que ce soit pour eux ; sans cela ! Venez, Brocoli. (*Elle lui tend la main.*)

BROCOLI

Voilà, mon ange ! (*A part.*) Les cinquante mille francs sont à moi. Je n'ai pas perdu ma journée, et il n'est pas encore midi.

(*Ils sortent.*)

SCÈNE CINQUIÈME

FRIOUL, seul.

(Il entre d'un air humble et contrit.)

J'ai eu tort de m'emporter. Un marchand de melons d'eau ne devrait jamais prendre la mouche. Mon affreux caractère me fait perdre toutes mes pratiques. Que je suis malheureux ! Ce matin, personne n'a voulu de mes pastèques, et Calatanisetta a rejeté mon amour ! Pourquoi ne suis-je pas resté calme ! — Avec du temps et de la patience, un jour ou l'autre, j'aurais écoulé les unes et fait accepter l'autre. Mais non ! je me suis mis en colère. J'ai offensé Calatanisetta, et j'ai chassé les chalands. Ah ! puissent ceux-ci ne jamais revenir, pourvu que je retrouve un jour celle-là ! Voyons, je viens mettre ici les pouces. C'est humiliant, c'est de la lâcheté. Mais pourquoi fais-je ce premier pas qui me coûte ? Pour elle ! pour elle uniquement ! Je ne veux pas que, loin de moi, loin du seul homme qui puisse la rendre heureuse, elle traîne une existence désormais sans joie.

C'est par bonté pour elle que je viens lui demander pardon. Et je le lui dirai bien. Je me sacrifie à son bonheur. Mais où est-elle ? (*Il appelle à mi-voix.*) Calatanisetta ! ma petite Calatanisetta ! Ne pleure plus ! ne te désole plus. C'est moi. C'est ton petit Frioul. J'oublie tout ! (*Il écoute.*) Personne ! — Ah ! Jésus tout-puissant, sauveur des hommes ! quel horrible soupçon ! N'aurait-elle pu supporter plus longtemps la pensée de vivre sans moi ? Aurait-elle préféré la mort à l'absence de son Frioul ! — Sainte des Deux-Siciles ! Je tremble comme la feuille... Mais qu'entends-je ? — Ces voix ?... — Vierge de la mer ! merci. C'est elle !... Ne nous montrons pas tout de suite... (*Il se met dans un angle du salon.*)

SCÈNE SIXIÈME

FRIOUL, BROCOLI, CALATANISETTA

BROCOLI

Dieu soit loué ! Voilà qui est fait. Entrez chez vous, signora.

CALATANISETTA

Que le signor Crostolo était donc en colère ! Le vilain homme !

BROCOLI

Oui. C'est un notaire nerveux. Il est vif comme la poudre. Il faut avec lui que tout soit fait dans une seconde. Un jour, il a eu comme une attaque de rage,

parce qu'il n'en finissait pas d'avaler un macaroni qui
filait trop...

CALATANISETTA

Voyez-vous cela !

FRIOUL

Allons ! il n'y a pas que les marchands de melons sur
la terre qui ne sachent pas garder leur sang-froid.

BROCOLI, très grave.

Maintenant, avant toute chose, ma chère enfant, j'ai
une question à t'adresser, une question de la dernière
importance.

CALATANISETTA

Je vous écoute.

FRIOUL

Moi aussi.

BROCOLI, avec un bon sourire.

Où as-tu serré ton précieux petit billet ? Voyons, vite,
mon cher cœur.

CALATANISETTA

Quel billet ?

BROCOLI

Je m'exprime mal, sans doute. Je te demande où est
ce numéro bienheureux, ma mignonne.

CALATANISETTA

Mais, quel numéro ?

BROCOLI, *toujours riant.*

C'est juste. Tu ne peux pas te douter de la valeur qu'il a. — Je te demande où tu as mis le magnifique billet qui porte les admirables chiffres : 5, 17 et 21.

CALATANISETTA

Je ne sais pas du tout ce que vous voulez dire par ces chiffres.

BROCOLI

Voyons, tu te moques de moi, chère petite. Il s'agit pourtant d'une chose extrêmement sérieuse. Ne fais pas l'espiègle.

CALATANISETTA

Mais, expliquez-vous.

BROCOLI

Ah ! je meurs d'inquiétude ! — Il y a huit jours... un matin...

CALATANISETTA

Eh bien ?

BROCOLI

Tu me demandas trois livres, tu sais bien.

CALATANISETTA

Ah ! oui, oui ! Je me le rappelle, et même vous avez eu beaucoup de peine à me les accorder.

FRIOUL

Pauvre petite ! Je t'en aurais donné neuf, moi !

BROCOLI

Je ne m'en souviens pas. — Enfin, c'était pour mettre sur un terne de la loterie royale, un terne que tu avais vu en rêve.

CALATANISETTA

Oui.

BROCOLI, frémissant de joie.

Eh bien! alors, donne-moi le billet qu'on t'a délivré au bureau.

CALATANISETTA, riant très fort.

Le billet? — Attendez donc. En allant au bureau du coin, j'ai rencontré, sur ma route, un marchand de peignes, et je lui en ai acheté un avec vos trois livres.

BROCOLI (il tombe anéanti sur un siège.)

Ah! malheureuse!

CALATANISETTA

Est-ce que je l'ai payé trop cher?

BROCOLI

Trop cher! — tu l'as payé cinquante mille francs! Je suis volé. O saint Antoine de Padoue, jamais vous ne me ferez retrouver cette somme-là!

CALATANISETTA

Mais il devient fou!

BROCOLI

Et dire que j'ai épousé une imbécile de cette force-là! — Je suis un vieillard perdu!

FRIOUL

Épousé ! — Que dit-il ?

CALATANISETTA

Mais je perds la tête, à mon tour ! — (*Apercevant Frioul.*) — Ah ! Frioul était là !

FRIOUL, arrivant en scène, à Calatanisetta.

Que dit ton maître, Calatanisetta ? Que parle-t-il d'épouser ?

BROCOLI, relevant la tête.

Qu'est-ce que veut celui-là, encore ?

FRIOUL

Je veux savoir...

BROCOLI

Eh bien ! traître, sache-le. J'ai épousé cette coquine-là, il n'y a qu'un instant, et elle m'a déjà joué un tour abominable ?

FRIOUL, à Calatanisetta.

Santa Maria ! Cet homme est votre mari ? Vous l'avez épousé ? — Je rêve ou je suis gris.

CALATANISETTA, en larmes.

C'était pour nos enfants !

BROCOLI, affaissé.

Malédiction ! C'est à se jeter dans le cratère du Vésuve !

FRIOUL, tombant sur un siège.

Je suis anéanti. Le mauvais œil est sur les marchands de melons d'eau !

BROCOLI, après un moment de prostration générale.

Et dire que sans ce notaire, qui allait comme le vent, rien ne serait peut-être encore fait à cette heure !

CALATANISETTA (Elle pleure.)

Hi ! hi ! — C'est vous qui l'avez voulu !

FRIOUL, pleurant.

Ho ! ho ! — Et moi qui lui apportais le bonheur !
(Bruit de voix au dehors.)

BROCOLI

C'est la voix du signor Crostolo. Qu'il n'entre pas. Je le tue.

SCÈNE SEPTIÈME

LES MÊMES, CROSTOLO.

CROSTOLO (Il entre essoufflé.)

Ah ! mes chers amis ! Ah ! je suis bien coupable ! Une chaise, je vous en prie !... Ouf !...

BROCOLI

Misérable Crostolo ! — Oui, vous êtes l'auteur de tout le mal qui nous arrive.

CROSTOLO

Je le sais bien. Mais je ne peux pas me refaire. — Donnez-moi les noms les plus durs, je les mérite.

FRIOUL

Si je n'avais pas fait le serment de rester calme, je vous !...

CALATANISETTA

Puissiez-vous aller en enfer, méchant diable ! C'est vous qui me séparez du seul homme que j'aime.

CROSTOLO

Épargnez-moi, signora. Je comprends votre dépit. Mais rien n'est perdu. Ce que j'ai défait, je puis le refaire.

BROCOLI

Refaire quoi ?

CROSTOLO

Comment, quoi ! — Mais le contrat que j'ai déchiré de rage tout à l'heure, après votre départ, parce qu'il contenait plus de trente *t* sans être barrés. C'est ce que je venais vous avouer.

BROCOLI, se dressant sur ses pieds.

Vous avez déchiré le contrat ?

CROSTOLO

En mille morceaux !

BROCOLI

Rien n'est fait alors ?

CROSTOLO

Hélas !

BROCOLI, sautant au cou de Crostolo.

Dans mes bras, mon cher tabellion !

CROSTOLO, à moitié étranglé.

Notaire !...

FRIOUL, étreignant à son tour Crostolo.

Notre-Dame du Carmel ! que je baise les pieds de Votre Excellence !

CROSTOLO, se débattant.

A bas ! à bas ! — Vous vous trompez d'étage !

CALATANISETTA, embrassant Crostolo.

Oh ! cher signor ! Je ne vous regarde plus que comme mon père !

CROSTOLO

Je le regrette. — Mais que signifient ces transports de joie sous lesquels je succombe ?

BROCOLI

Cela signifie... Mais vous n'avez pas besoin de comprendre, cher Crostolo, perle des notaires... notaire de mon cœur !

CROSTOLO

Enfin, il l'aura dit ! — Merci.

BROCOLI

Ce que j'ai à vous dire, c'est que, puisque la liberté nous est rendue à tous, j'en profite pour vous prier de marier cette jeune fille avec ce jeune homme, s'ils y consentent toutefois.

FRIOUL et CALATANISETTA

Nous y consentons ! Le bonheur de nos enfants avant tout.

CROSTOLO

Et qui est-ce qui me payera mes honoraires ?

BROCOLI

Vous. — Vous nous devez bien ça.

CROSTOLO

Moi ! Diavolo ! Je... Mais soyons calmes. (*D'un air sérieux* :) Signor Brocoli, je me rattraperai sur votre testament !

Fin

L'EMBARRAS DU CHOIX

Monologue

Par M. le comte W. SOLLOHUB.

L'EMBARRAS DU CHOIX

MARIE, à la cantonade.

Oui ! oui !... maman, soyez tranquille ! (*Au public.*) Ah çà ! je n'y comprends rien. Que se passe-t-il donc ici ?... Maman a reçu des visites ce matin, puis a été soucieuse toute la journée.... Maintenant, elle vient de m'appeler devant le grand portrait de papa, celui qui a été fait un an avant sa mort... Puis elle m'a regardée avec un regard qui m'a effrayée. Il y avait de grosses larmes dans ses yeux... et un sourire sur ses lèvres... Ce sourire m'a fait mal... Il avait l'air d'une marque d'un chagrin poignant !... Et pourtant sa voix était douce, sa parole était affectueuse... Elle m'a même embrassée avec une effusion plus tendre que d'habitude. Pourquoi m'a-t-elle embrassée ainsi ?... On aurait pu croire que je partais pour l'Amérique et qu'elle prenait congé de moi !... J'ai eu peur, et j'ai fondu en larmes... Alors, elle m'a tendu ces deux lettres, et m'a dit : « Va dans ta chambre, mon enfant ! Lis cela, prie Dieu qu'il t'inspire ! fais tes réflexions, et demain tu me donneras une réponse... Avant demain, je ne veux pas te voir. » — Je vais m'enfermer dans ma chambre et me mettre en prières !... Après cela, elle m'a embrassée encore une fois !... et me voilà.

C'est donc bien terrible, ces lettres. (*Les regardant.*) Elles sont adressées à ma mère !... Voyons...

« Madame ! j'ai prié ma sœur de vous porter ces lignes « et d'être mon interprète auprès de vous. J'aime made- « moiselle votre fille ! »—Comment, moi ?...— « depuis le « jour où je l'ai vue pour la première fois... Sans elle, « il ne saurait y avoir de bonheur pour moi !... » — Ah ! mon Dieu !— « J'ai l'honneur de vous demander respec- « tueusement sa main... »—Une demande en mariage ?— « Ma famille est d'ancienne noblesse !... je suis fils « unique... Mes parents m'assurent soixante mille livres » de rente à mon mariage, et, à leur mort, j'aurai le « triple !... Une place de sous-préfet vient de m'être pro- « posée dans le midi de la France... Ma vie, j'ose le « dire, a toujours été intacte de tout reproche !... Je « mets aux pieds de mademoiselle votre fille un passé « honorable, un avenir brillant, un cœur dévoué !... « J'attends votre réponse avec anxiété !... Puis-je espé- « rer qu'elle ne sera pas défavorable ?... J'ai l'honneur « d'être, madame, avec un profond respect... COMTE « ALFRED DE CHATEAUREGARD. »

C'est donc cela !... Mais je le connais, ce monsieur de Châteauregard. Nous le rencontrons toujours au Bois... Il est très bien !... Il a un bien joli cheval !... Voyons l'autre lettre...

« C'est mon oncle, madame, qui vous portera ces « lignes... c'est lui qui plaidera ma cause auprès de « vous !... J'aime mademoiselle votre fille depuis le jour « où je l'ai vue pour la première fois... »— Celui-là aussi ! — « et je sens que, sans elle, il ne saurait y avoir de bon-

« heur pour moi !... J'ai donc l'honneur de vous deman-
« der respectueusement sa main !...» — Il paraît que c'est
une formule. — « Mon nom est connu. Je n'ai plus de
« parents... Je puis justifier d'un avoir de plus de huit
« cent mille francs !... J'ai l'espoir d'être nommé secré-
« taire d'ambassade à Stockholm !... Je ne disconviens
« pas que ma jeunesse a été tant soit peu orageuse, mais
« personne ne dira que j'aie jamais failli aux lois de l'hon-
« neur !... Mon amour pour mademoiselle votre fille est
« d'ailleurs le meilleur garant de son avenir !... J'attends
« en tremblant votre décision, madame. Puis-je espérer
« qu'elle sera favorable ?... J'ai l'honneur d'être... MAR-
« QUIS JULES DE PRÉMAURY. »

Une autre demande !... Voilà donc pourquoi maman
avait une figure si bouleversée et si tendre... Pauvre
maman !...

Comment ! elle aura vécu de ma vie... elle m'aura cou-
vée de sa sollicitude infatigable, depuis le salut de mon
âme jusqu'à ma dernière petite robe d'indienne... pour
dire tout à coup à un monsieur bien frisé, avec un lor-
gnon dans l'œil : « Monsieur... voilà ma fille !... Prenez-
la, et emmenez-la... Je ne suis plus rien pour elle... une
étrangère... une simple connaissance !... Si vous tolérez
qu'elle me fasse quelques visites... je vous en serai bien
reconnaissante... ne craignez rien d'ailleurs, je serai
discrète... Je sais que les belles-mères sont insuppor-
tables... on nous l'a dit assez souvent... Aussi ne pensez
pas à moi... J'ai tant donné à cette enfant... que le
reste ne compte plus... » Comment ! Et moi je resterais
impassible devant ce marché d'ingratitude... Il sera
question de moi, et je tournerais le dos à celle à qui
je dois tout... pour suivre un monsieur à qui je ne

dois rien... sous prétexte qu'il a des rentes, que j'aurai une voiture et qu'on me dira : « Madame !... » Et on me croit capable d'une chose pareille !... Jamais !... Je ne quitterai pas ma mère... je ne me marierai pas... Et ces lettres... voilà le cas que j'en fais... (*Elle veut déchirer les lettres, et s'arrête.*) Oui !... mais alors ! il faudra rester vieille fille !... c'est grave... Je suis convaincue que si on ne devenait pas vieille fille... on ne se marierait jamais !... Malheureusement, le seul moyen de ne pas être vieille fille, c'est de se marier !... Que faire, alors ? Peut-on ne pas être ingrate pour sa mère en épousant un mari ?... Toute la question est là !... Je crois que c'est possible !... D'abord, comme de raison, il faut aimer sa mère encore plus qu'auparavant... Oui !... mais il faut aussi aimer son mari... et puis encore il faut aimer ses... Ma mère n'en sait rien, mais je rêve depuis longtemps à un petit garçon !... Il aura quatre ans, une petite tête blonde, des cheveux ébouriffés, des yeux bleus, des joues roses... il restera toute la journée sur mes genoux... il passera autour de ma tête ses petits bras blancs, et il me dira des mots que je serai seule à comprendre !... Oh ! rien qu'à cette idée... mon cœur bat !... Mais alors, il n'y a pas à dire... il faut se marier !... Au fait, pourquoi pas ?... Tout le monde se marie... Marguerite s'est mariée !... Juliette s'est mariée !... Suzanne s'est mariée !... Elle n'y comptait plus, la pauvre fille... Elle y est pourtant arrivée !... Ah ! par exemple ! je stipulerai d'abord les droits de maman... Sans cela, pas de mariage !... Oui, mais qui choisir ?... Maman m'a laissé l'embarras du choix !... Elle aurait bien pu le faire pour moi, pourtant... Cela aurait été bien plus commode... Récapitulons... monsieur de Chateauregard est grand, blond; il a des moustaches cirées qui pourraient bien crever l'œil de son fils s'il s'avisait de l'embrasser !... Je n'en veux pas !... Monsieur de Prémaury est brun, de taille moyenne !... Il a eu une jeunesse orageuse... Qu'est-ce que ça peut bien être qu'une jeunesse orageuse ? Je ne sais pas, mais cela me plairait assez !... Seulement, il doit y avoir de ces natures d'orage où le beau temps ne vient jamais !... L'un se nomme Alfred !... c'est gentil, Alfred !... Oui, mais l'autre se nomme Jules !... Jules, ce n'est pas mal non plus !... Comment me trouvez-vous, Alfred ?... Vous m'aimez donc bien, Jules ?... Je suis bien embarrassée. Ni Alfred, ni Jules ne me répondent... Mon cœur n'entend rien !... Avec cela, je vois bien que maman tient beaucoup à me marier !... quoiqu'elle en soit au désespoir...

Si je pouvais avoir une indication, un signe quelconque ! (*Un grand ballon en caoutchouc tombe sur la scène.*) Ah ! mon Dieu ! qu'est-ce que cela signifie?... C'est ce fou de Paul qui est là, sur la terrasse, à écrire sa dissertation, et qui s'amuse à me lancer des ballons par la fenêtre... (*Elle rit.*) « Dites donc, Paul !... si cela continue, je me plaindrai à mamam... » Il n'entend pas... Pauvre garçon, cela l'ennuie d'être seul ce soir !... Ah ! mais j'y pense ! Paul est mon cousin, mon ami, mon camarade... Nous avons été presque élevés ensemble, il n'a que deux ans de plus que moi... Il connaît tous les jeunes gens de Paris... Il me donnera un bon conseil... c'est certain... Je vais lui écrire. Comment n'y avais-je pas pensé ?... (*Elle écrit.*) « Mon cher Paul, monsieur « de Chateauregard et monsieur de Prémaury me de- « mandent en mariage !... Lequel choisir ? Réponds-moi

« vite par le même facteur... » Voilà ! (*Elle attache la
lettre au ballon avec une épingle.*) Et maintenant, mettons ma lettre à la poste... « Paul !... tu es là ?... — Oui.
— Attrape !... — Ça y est... » (*Elle lance le ballon par
la fenêtre.*) Me voilà plus tranquille, maintenant... J'ai
un guide, un conseil... Il n'y a pas de plus grand écer-
velé que ce Paul pour rire et sauter avec moi... Mais
quand il le faut, il a l'esprit d'un homme mûr et la déli-
catesse d'une femme... Cela me fera de la peine de le
quitter... beaucoup de peine. Et lui... que deviendra-
t-il ?... orphelin... si jeune !... Il n'avait que maman et
moi !... Maman lui restera sans doute... mais, sera-ce
assez ?... (*Le ballon tombe sur la scène.*) Ah ! voilà ma
réponse qui arrive !... (*Elle détache le billet, et lit :*)
« Prémaury est un fat et Chateauregard un idiot... Ils
« me passeront sur le corps avant d'arriver à toi...
« Comment n'as-tu pas compris, affreuse petite fille, que
« tu es... que je t'adore à en perdre la raison. » —Comment !... Est-ce possible ?... Je sens un éblouissement !...
Comme le cœur me bat... Ah ! que c'est bon... que
c'est beau de vivre ! Je comprends maintenant pourquoi
je ne pouvais pas aimer les autres... C'est parce que
j'aimais Paul sans m'en rendre compte !... Et quel nom
adorable... Paul... c'est le seul nom qu'il puisse y avoir
au monde. Tous les autres sont ridicules et affectés...
Mon Dieu, que je suis heureuse !... Qu'est-ce qu'il écrit
encore ?... (*Lisant.*) — « Comment n'as-tu pas compris,
« affreuse petite fille que tu es... » — Comme il m'aime
pour m'écrire cela !... « Te voir à un autre, sera mon
« arrêt de mort ?... Je n'y survivrai pas. Je me tuerai sous
« ta fenêtre... Tu me connais ?... » —Mais non, je ne veux
pas. — « Réponds-moi vite... Veux-tu être ma femme ?

« oui ou non !... N'écris pas... si c'est oui !... Jette-moi
« seulement le ballon, et je cours chez ta mère... Si
« c'est non, garde le ballon chez toi... et alors...
« Adieu !... PAUL. »

C'est singulier... il me semble que j'ai vécu mille ans
en une minute... Je ne sais plus ce qui est bien, ce qui
est mal... Je ne suis plus sur la terre ; je vis... j'aime !...
(*Elle jette le ballon par la fenêtre.*) — Ah ! j'ai mal fait...
je ne devais pas agir sans permission... (*Criant à la
fenêtre.*) « Écoute, Paul... Ce n'est pas une réponse...
Renvoie-moi le ballon... » — Il n'est plus là !... Heureusement qu'il ne verra pas maman !... Elle s'est enfermée...
Elle prie Dieu qu'il m'inspire !... Et moi... je l'ai
oublié... C'est bien mal... je viens de commettre un
crime... J'en serai punie... Paul voudra voir maman à
tout prix... je le connais !... Quand il se met quelque
chose en tête, il faut que cela se fasse... Maman se
fâchera... il se fâchera à son tour !... et alors !... D'ailleurs, ce mariage est impossible... Comment n'y avais-je
pas pensé ?... Paul est trop jeune : il n'a que deux ans
sept mois et quatorze jours de plus que moi... Ce n'est
pas un parti sérieux... Maman parle toujours d'un
parti sérieux, d'une position dans le monde !... Je n'ai
jamais bien compris ce que cela signifie... Une position
dans le monde !... c'est d'être heureux ! Il paraît qu'il
y en a encore une autre ?... Il faut bien avoir de quoi
vivre !... Ça, c'est autre chose !... Mais quélqu'un de
nous doit être riche ?... je ne sais trop qui, si c'est Paul
ou moi !... Et puis, Paul a un titre !... maman tient à
cela... Paul est duc ! non, il n'est pas duc. Qu'est-ce
qu'il est donc ? Connétable ! amiral !... Non, je dis des
folies maintenant !... Ce qui est sûr, c'est que Paul a un

titre... Ça m'est bien égal, par exemple !... Il me semble
que je ne pourrai plus le revoir... Quand je pense à lui,
je suis embarrassée... seulement, je n'ai pas peur !... Je
suis confuse... je ne pourrai jamais le regarder en face !...
Comme le temps marche lentement !... comme cette
conversation est longue !... Maman est inflexible...
c'est sûr... cela ne peut pas être autrement !... Je me
ferai religieuse... Non, je ne puis pas !... maman reste-
rait seule !... Le temps n'avance pas, aujourd'hui...
J'aime depuis cinq minutes... et je suis déjà à la torture...
C'est donc là ce qu'on nomme l'amour ?... C'est fini
maintenant !... maman a refusé net... Sans espoir...
que dois-je faire ? Me voilà compromise... Je ne jouerai
plus au ballon de ma vie... Mon Dieu ! ayez pitié de
moi !... Je pressens un malheur affreux, irréparable...
Je n'y survivrai pas... Paul se tuera... c'est sûr... Il n'a
pas deux paroles; quand il dit une chose, cela doit se
faire !... Et j'aurai été la cause !... Non, non, je ne veux
pas... Ah ! je comprends pourquoi cela dure tant... Paul
s'est tué !... on n'ose pas me le dire... Il est mort !...
Peut-être peut-on le sauver encore... Envoyer chercher
un médecin !... Arrêtez-le ! cherchez-le !... il est là, là...
sous ma fenêtre... Oh ! je me sens mal !... (*Le ballon
tombe sur la scène.*) Le ballon ! enfin !... (*Elle détache
le billet et se met à lire.*) « Ta mère était enfermée dans
« sa chambre !... Je suis entré par la fenêtre !... Je lui
« ai fait une peur épouvantable... Mais c'est égal, nous
« nous sommes expliqués... et puis, nous nous sommes
« mis à pleurer : moi, comme un imbécile... elle, comme
« une sainte femme qu'elle est... Ta mère ne veut pas
« influencer ton choix... Elle ne veut que ton bonheur...
« Elle me préfère à d'autres... parce que tu comprends...

« que nous, qui sommes ses deux enfants, nous ne la
« quitterions jamais !... Elle te prie de ne lui donner ta
« réponse que demain... car elle veut encore que tu
« réfléchisses. » — Que je réfléchisse, moi, maintenant...
quand le bonheur inonde mon âme !... Oh ! quel bon
billet !... quelle bonne mère j'ai là !... (*Elle embrasse le
billet.*) Je ne puis faire qu'une chose, c'est d'aller me
jeter à son cou... et si elle veut toujours rester enfermée... je ferai comme Paul !... J'entrerai par la fenêtre...
tant pis !...

(*Elle sort.*)

Fin.

VÉNUS

Comédie en un acte

Par M. Henri BOCAGE.

PERSONNAGES

GEORGES DE VILLERS.
GENEVIÈVE DE LA ROCHE.
LOUISE, femme de chambre.
UN DOMESTIQUE.

VÉNUS

SCÈNE PREMIÈRE

GEORGES DE VILLERS, assis près du feu, fume un cigare. Il se lève se promène; enfin il tire sa montre, — puis LOUISE.

GEORGES

Onze heures! Cela fait juste deux heures et demie que j'ai la satisfaction d'être incrusté dans cet habit noir!

(Louise entre par la porte, à droite, et va ouvrir le tiroir d'un chiffonnier.)

GEORGES

Est-ce que ma tante est prête?

LOUISE

Le coiffeur arrive à l'instant.

GEORGES

Très bien! j'en ai pour une bonne heure?

LOUISE, *bouleversant le tiroir.*

Non, monsieur; les cheveux sont tout frisés; on n'a qu'à les poser.

GEORGES

Comment, frisés ! mais Vénus sort de l'onde !

LOUISE

Que monsieur relise sa Mythologie... il verra... le jugement a lieu dans un petit bois.

GEORGES

Je sais bien que ce n'est pas à la sixième chambre ! pas moins, Vénus sortait de l'onde...

LOUISE

Elle aura, sans doute, rencontré un coiffeur sur la plage.

GEORGES

C'est bien aléatoire !

(*Louise, après avoir trouvé ce qu'elle cherchait, rentre à droite.*)

SCÈNE DEUXIÈME

GEORGES, *seul.*

Oh ! les femmes qui s'habillent ! les tantes, surtout ! Quelle drôle d'idée a eue mon oncle de m'obliger, par contrat notarié, à être le neveu de ma tante ! (*Il jette le cigare qu'il fumait ; tire de sa poche son porte-cigares et l'examine.*)

C'est le troisième que je trouve chez Carlotta depuis
huit jours... avec nouvelles initiales ! Elle m'a affirmé
qu'ils appartiennent à son père, qui change de noms,
parce qu'il est compromis dans des sociétés secrètes !
Au moins, voilà qui n'est pas banal, ce n'est pas le capitaine de la tradition. L'autre soir, sur le boulevard, elle
causait avec un vénérable monsieur qui distribuait des
petits papiers... Elle a prétendu qu'elle demandait son
chemin ! Si celui-là est son père, comme je le suppose,
il est sûr qu'il aurait pu lui en indiquer un autre ! (*Con-
sultant sa montre.*) Onze heures vingt !

UN DOMESTIQUE

(*Annonçant :*) Madame la comtesse de la Roche !

(*Il sort.*)

SCÈNE TROISIÈME

GEORGES, GENEVIÈVE.

GEORGES, allant à sa rencontre.

Ah ! quelle aimable surprise !

GENEVIÈVE s'approche de la cheminée ; elle serre la main
de Georges.

Bonsoir, monsieur de Villers.

GEORGES

Je parie que vous êtes prête depuis une heure !

GENEVIÈVE

A peu près... Pourquoi ?

11

GEORGES

Parce que chaque année nouvelle, qui s'abat sur la tête des femmes, fait retarder d'un nouveau quart d'heure l'horloge de leur coquetterie.

GENEVIÈVE

Ce qui veut dire...

GEORGES

Qu'il y a trois heures que j'attends ma tante !

GENEVIÈVE

Vous allez encore m'en dire du mal.

GEORGES

Moi ! je la respecte !... je la vénère ! ! je la trouverais même charmante, si je n'étais pas son neveu ! mais on n'a pas idée de ça ! Se déshabiller en Vénus ! En Junon, passe encore ! — mais elle n'aurait pas eu la pomme et elle y tient énormément ! Je ne comprends rien à la rage qui vous possède toutes, de mordre dans ce fruit insipide !

GENEVIÈVE, souriant.

Est-ce qu'on peut entrer chez elle ?

GEORGES

Impossible ! c'est plein de conques marines, de maillots, de coiffeurs ! (*Il sonne.*) Au reste, nous allons voir. (*A Louise qui paraît.*) Voyez si ma tante peut recevoir madame de la Roche.

(*Louise sort.*)

GEORGES

Alors, vous n'êtes pas de la pièce ?

GENEVIÈVE

J'ai refusé le rôle.

GEORGES

Celui de ma tante ?

GENEVIÈVE

Non... Minerve.

GEORGES

Je comprends cela.

GENEVIÈVE, avec un sourire.

Vous êtes un insolent ! Et sait-on qui fait Pâris ?

GEORGES

Parbleu, c'est mon oncle ! le mari de ma tante ! c'est tout à fait moral. Ce n'est plus le jugement de Pâris, c'est un conseil de famille en petite tenue.

LOUISE, rentrant.

Madame prie madame la comtesse de vouloir bien l'attendre cinq minutes.

(*Elle sort.*)

GEORGES

Ça vous amuse donc beaucoup, le bal ?

GENEVIÈVE

Cela vous ennuie bien.

GEORGES

Oh ! nous avons des raisons...

GENEVIÈVE

Majeures...

GEORGES

L'expérience en double le bouquet.

GENEVIÈVE

Est-ce qu'il y a longtemps que vous n'avez vu monsieur Edgard?...

GEORGES

Aujourd'hui. — Quel charmant garçon! C'est ma bête noire! Mon meilleur ami! Un être malfaisant créé pour mon malheur!

GENEVIÈVE

(*Souriant.*) Comment arrangez-vous tout cela?

GEORGES

C'est bien simple... (*Changeant de ton.*) Vous ne faites pas de romans?...

GENEVIÈVE

Non... pas encore...

GEORGES

C'est juste... cela prend en même temps que la dévotion et l'embonpoint, après la quarantaine. Mais vous en lisez peut-être?...

GENEVIÈVE

Quelquefois.

GEORGES

Vous n'avez pas lu sans doute celui dont je veux parler... il ne s'agit pas d'amour.

GENEVIÈVE

Je suis veuve. Ayant fait mes preuves, j'ai le droit de ne plus m'occuper d'amour.

GEORGES

Cependant vous avez refusé le rôle de Minerve !

GENEVIÈVE

Seulement à cause de la cuirasse.

GEORGES

Je comprends... cela coupe les effets ! Donc... il s'agit d'un personnage d'Hoffmann, le petit Cinabre.

GENEVIÈVE

Je le connais.

GEORGES

Eh bien, Cinabre... c'est Edgard ! Au collège, madame, il dévorait le dessus de mes tartines et m'enlevait les prix. Aujourd'hui, si je souris, on dit qu'il a de belles dents ! Si je salue une dame pour la première fois, le lendemain, il est l'ami du mari ! Si j'éternue, on lui dit : Dieu vous bénisse !

GENEVIÈVE, riant.

Ce pauvre monsieur de Villers ! et pensez-vous qu'il vienne ce soir au bal, votre petit Cinabre ?

GEORGES

Cela dépend ! — Si je dois tenir une belle main... de femme ou de baccarat... un bonheur quelconque... il sera là pour me le happer au passage.

GENEVIÈVE

Comment ! les femmes aussi ?

GEORGES

Les femmes surtout ! — Je découvre la mine et c'est lui qui l'exploite.

GENEVIÈVE

Et vous ne vous quittez pas !

GEORGES

Quand je l'ai sous la main... je suis sûr, au moins, qu'il ne dépareille pas mes collections.

GENEVIÈVE

Vous savez qu'à ce bal, il y aura une présentation.

GEORGES

Une re...présentation ?...

GENEVIÈVE

Non... j'ai bien dit : — Votre tante veut vous marier.

GEORGES

Me marier, moi ! (*Il rit.*)

GENEVIÈVE

Cela vous semble drôle ?

GEORGES

Pas du tout !

GENEVIÈVE

Vous n'êtes pas partisan du mariage ?

GEORGES

Si... comme souvenir... pour les veufs.

GENEVIÈVE

C'était une veuve... cette dame à qui vous parliez
l'autre jour... au bois?

GEORGES

Ah! vous l'avez remarquée?

GENEVIÈVE, souriant.

Le moyen de faire autrement ?...

GEORGES

Oui... un peu d'excentricité... C'est une personne de
province.

GENEVIÈVE

Une parente?...

GEORGES

Oh! très éloignée !

GENEVIÈVE

Du midi... Je l'ai rencontrée au théâtre.

GEORGES

Dans une loge ?

GENEVIÈVE

Non... en face... Elle a de beaux cheveux blonds.

GEORGES

Vous parlez de quinze jours au moins! Ils sont noirs

aujourd'hui. Du reste, c'est une Italienne... instruite et parlant le français...

GENEVIÈVE

Comme une... Espagnole !

GEORGES

De bonne famille... Carlotta de Navarin !

GENEVIÈVE

Elle est peut-être parente de la bataille ?

GEORGES

Je parie que vous mourez d'envie de jeter un coup d'œil dans son boudoir ?

GENEVIÈVE

N'est-ce pas là que vous laissez votre esprit ? Tenez, par exemple, feu mon mari... Je ne veux pas en dire du mal...

GEORGES

Puisqu'il a payé son dividende.

GENEVIÈVE

Il n'apportait chez lui qu'un visage maussade... et j'ai appris que... là-bas... il était renommé pour ses saillies.

GEORGES

Suivez-moi donc... Nous entrons dans l'antichambre... une petite lampe chinoise... quatre fauteuils... Vient ensuite le salon d'attente, avec étagères, potiches, bibelots, six fauteuils, — un boudoir plus intime... cinq fauteuils.

GENEVIÈVE

Que de fauteuils !

GEORGES

Elle les collectionne... chacun d'eux représente un souvenir... ils sont tous dépareillés...

GENEVIÈVE

Et il y en a ?

GEORGES

Quarante !

GENEVIÈVE

Comme à l'Académie !

GEORGES

Juste ! Seulement, on y parle plusieurs langues... on n'a pas besoin d'être poli, et on ne fait qu'une visite.

GENEVIÈVE

La société ?...

GEORGES

Mêlée... des étrangers... un peu de tout... excepté des Polonais... Elle est pour la politique du czar.

GENEVIÈVE

Et du talent... de l'instruction ?

GEORGES

Vous savez comme elle chante l'opérette ! c'est tout simplement adorable ! Elle écrit fort bien... un style un peu... échevelé... et puis beaucoup de majuscules... elle croit que c'est plus distingué.

11.

GENEVIÈVE

C'est bien cela.

GEORGES

Vous dites ?...

GENEVIÈVE

Je dis : c'est bien cela ! Quant à l'orthographe ?...
prime-sautière... n'est-ce pas ?

GEORGES

Comment savez-vous ?...

GENEVIÈVE, lui donnant une lettre.

Regardez cette lettre...

GEORGES, la prenant.

Vous êtes en correspondance avec Carlotta !

GENEVIÈVE

Pas moi... mais une amie... qui était sur le point
d'épouser votre inséparable ennemi.

GEORGES

Edgard !

GENEVIÈVE

Au moment où... mon amie... allait consentir... elle
reçut cette lettre.

GEORGES

Edgard postulerait donc le quarante et unième fauteuil ?

GENEVIÈVE

Il n'en est plus aux visites... lisez... Cependant... je crains...

GEORGES

Pour moi ! Oh ! je suis habitué. (*Il lit.*) « Madame, « celui auquel vous voulez vous enchaîner » Qu'est-ce que je disais .. le style est bon. — « est un traître, un « paltoquet... » La nature qui reparaît... « Ces serments « qu'il veut vous faire au pied des Hôtels... » Hôtel par un h... et majuscule ! (*Il lit tout bas et s'arrête.*) Ah ! diable !

GENEVIÈVE

Eh bien ! que dites-vous de cela ?

GEORGES

C'était écrit ! C'est égal, sur le premier moment...

GENEVIÈVE

Consolez-vous, et... mariez-vous.

GEORGES

Vous allez trop loin.

GENEVIÈVE

Vous préférez être trompé !

GEORGES

Comme cela... oui. Je ne suis pas mûr pour le bonheur d'une honnête femme ! Sans le vouloir, Carlotta vient de rendre un véritable service à votre amie. — Elle serait ici, que je lui dirais : N'acceptez pas un homme qui n'est pas guéri de ces fantaisies-là. Il jurera de vous aimer aujourd'hui, — et, demain, fatalement, il retournera là-bas.

GENEVIÈVE

Mais quel charme les rend donc si supérieures à nous ?

GEORGES

Leur infériorité d'abord ; — et puis leur horreur instinctive pour ce qui ressemble à la fidélité ! Tout lien les effraie... et... entre nous, cette association intéressée, qu'on appelle le mariage, ressemble furieusement à une ligature !

GENEVIÈVE, pensive.

Oui... je comprends cela.

GEORGES

J'en étais sûr... Le mariage... c'est très gentil dans les commencements... les fiancés ont fait capitonner leurs défauts... et l'écharpe de monsieur l'adjoint ressemble à l'arc-en-ciel, qui promet un ciel sans nuages ! Mais, au bout de quelques mois, on s'en souvient comme d'un vieux drapeau usé et flétri ! La femme ne daigne plus être coquette avec son mari... Lui... qui a brûlé tous ses jolis souvenirs d'amour enguirlandés de faveurs roses... il les regrette alors... Je suppose, bien entendu, qu'on possède une femme vertueuse... Cela se voit... et il n'y a rien de tel que la vertu pour troubler les ménages ! Là-bas, au contraire, on vit dans des transes continuelles ; toujours en arrêt, au moindre sourire, on flaire une trahison... on s'élance sur une piste... comme un Comanche ou un détectif... et il n'y a que cela qui réveille les sensations émoussées. Un jour vient cependant où nous sommes fatigués, harassés de ces luttes incessantes, où nous désirons le repos à tout prix... C'est que l'heure du mariage a sonné !

GENEVIÈVE

Et nous autres... nous attendons au rivage ! Lorsque vous avez fait naufrage, nous vous tendons une main amie... et nous recueillons les épaves qu'elles ont dédaigneusement repoussées ! (*Très sérieuse.*) Merci, monsieur de Villers... vous m'avez parlé franchement... je n'oublierai rien. (*Elle se lève.*)

GEORGES

Qu'avez-vous ? Comme vous prenez cela sérieusement !

GENEVIÈVE

Je suis faite ainsi... Je ne sais pas rire des choses graves. Je vous assure que vous venez de me rendre un grand service.

GEORGES

Comment ?...

LOUISE, entrant.

Si madame la comtesse veut bien entrer chez madame ?...

GENEVIÈVE

Encore merci ! n'est-ce pas que cela fait un peu souffrir, quand on vous arrache une illusion ?...

(*Elle entre à droite, suivie de Louise.*)

SCÈNE QUATRIÈME

GEORGES, puis le DOMESTIQUE.

GEORGES

Que veut-elle dire ? Elle parle d'illusions perdues !... Est-ce que j'aurais entravé quelque projet ?... Fumons un cigare. (*Il tire son porte-cigares et le regarde.*) E. B. C'est bien cela ! Edgard de Bliac ! C'est Cinabre ! C'est trop fort... me tromper avec mon meilleur ami ! Parbleu ! avec qui me tromperait-elle ?... C'est égal... je suis furieux ! je dois être furieux ! Envoyons ma démission. (*Il s'assied devant une table, et écrit.*) « Madame ! » Non, pas cela, j'aurais l'air vexé. « Ma chère ! » Non... elle ne m'est plus chère du tout... il me faut quelque chose de plus désintéressé... « Ma belle ! » Parfait ! « Je « sais tout... » Peuh ! en somme, je sais bien peu de chose... « Ma belle ! en voilà assez... » Parfait... c'est grossier... « On trouve décidément trop de porte-cigares « sur vos étagères et trop de fauteuils dans vos bou- « doirs... je crois m'apercevoir que nous n'avons pas été « créés l'un pour l'autre. (*Il continue à écrire, et sonne.*) « Signé : GEORGES. » (*Au domestique qui entre.*) Qu'on porte cette lettre à l'instant.

LE DOMESTIQUE, donnant une lettre à Georges.

Le groom de madame vient justement d'apporter celle-ci pour monsieur le vicomte ; il attend la réponse.

GEORGES

Inutile...

LE DOMESTIQUE

Il paraît que madame est furieuse contre monsieur.

GEORGES

C'est original ! — Lisons toujours, cela n'engage à rien. (*Lisant.*) « Gros monstre, je sais tout ! Vous voulez « vous marier... » Hein ! « mais n'essayez pas de rompre « les liens qui nous enchaînent.... » des liens qui enchaî-nent... j'ai vu cela quelque part. — « sinon, je fais un « esclandre... » — Est-ce qu'elle est folle ?

LE DOMESTIQUE

Puisque monsieur veut bien m'interroger, je lui ferai observer qu'en ce qui concerne son mariage, on s'en entretient officiellement.

GEORGES

A l'office ! Voyez-vous cela ! et nomme-t-on la per-sonne que je dois épouser ?

LE DOMESTIQUE

Ce n'est un mystère pour personne... C'est madame la comtesse de la Roche.

GEORGES

La comtesse !... c'est bien... Cette lettre à son adresse... Allez.

(Sort le domestique.)

SCÈNE CINQUIÈME

GEORGES, seul, puis LOUISE

GEORGES

La comtesse ! C'est impossible, ma tante m'en aurait parlé... et cependant... Diable ! Et tout ce que je viens de lui dire !... Au fait... tant mieux ! Je ne veux pas me marier, c'est bien entendu... donc... (*A Louise, qui entre vivement :*) qu'y a-t-il ?

LOUISE

On ne trouve plus les faux cheveux ! Monsieur ne les aurait pas vus ?

GEORGES

Non. (*Il cherche, avec Louise, sous les meubles, dans les tiroirs.*)

LOUISE

(*S'arrêtant.*) Qu'a donc dit monsieur à madame la comtesse ?

GEORGES

Rien... nous avons causé...

LOUISE

Elle avait un gros chagrin...

GEORGES

Comment ?

LOUISE

Oui... Elle soupirait... disant que tout était fini... que vous lui aviez ouvert les yeux... qu'elle était très malheureuse, mais qu'elle tâcherait d'oublier... même... il y a eu une larme...

GEORGES

Une larme! Tu en es sûre ?...

LOUISE

Je l'ai vue couler le long de sa joue; elle s'est séchée toute seule en chemin... Ah ! la voilà !

GEORGES

La larme ?

LOUISE

La fausse natte !

(*Elle rentre vivement à droite.*)

GEORGES, seul.

Une larme ! et pour moi ! elle m'aimerait donc ! Ah ! je suis un joli maladroit... je viens de faire mon possible pour la dégoûter de moi ! C'est qu'elle est charmante ! beaucoup mieux que Carlotta... plus jeune, surtout... Mais voilà... elle ne chante pas l'opérette ! Allons... j'ai été stupide ! c'est que je ne l'avais jamais bien regardée, moi ! Elle m'aime... cette délicieuse Geneviève !...

LOUISE, rentrant.

Ah! monsieur, quel malheur !

GEORGES

Qu'arrive-t-il encore ?

LOUISE, prenant des aiguilles, du fil, dans le chiffonnier.

Le maillot a craqué ! seize mailles, monsieur ! Jamais madame n'entrera là-dedans !

GEORGES

Avec un peu de bonne volonté !...

LOUISE

Ce n'est pas cela qui manque !... Madame se prête tant qu'elle peut... mais le maillot, lui !... Monsieur en a pour une bonne demi-heure.

(Elle va rentrer.)

GEORGES, l'arrêtant.

Dis-moi, Louise ?

LOUISE

Je n'ai pas le temps... pensez donc... seize mailles !
(Elle rentre à droite.)

GEORGES

Il faut que je la voie.
(Il va frapper à la porte à droite.)

GENEVIÈVE

(Sans se montrer.) On n'entre pas !

GEORGES

Oui, je sais bien... les seize mailles...

GENEVIÈVE

(Sans se montrer.) Attendez cinq minutes.

GEORGES

Voilà quatre heures que j'attends cinq minutes... Je voudrais parler...

GENEVIÈVE

(*Montrant la tête.*) Eh bien ! parlez tout seul... nous n'écouterons pas.

(*Elle disparaît.*)

GEORGES

(*Avec humeur.*) Elle n'écoutera pas... ce n'est pas ce que je demande... comment la faire sortir?... Ah ! une idée...

(*Il prend une potiche sur la cheminée, et la brise.*)

SCÈNE SIXIÈME

GEORGES, GENEVIÈVE.

GENEVIÈVE

(*Sortant de la chambre et entrant en scène.*) Que se passe-t-il? Quel vacarme vous faites ?

GEORGES

Ce n'est rien... ce vase que j'ai un peu renversé.

GENEVIÈVE

Vous grimpez donc sur les cheminées maintenant ?

GEORGES

Non... Je regardais l'heure... et...

GENEVIÈVE

Où donc ? il n'y a pas de pendule.

GEORGES

Eh bien ! soit... c'est un prétexte...

GENEVIÈVE

Je rejoins Vénus... Vous permettez...

GEORGES

Vous ne voulez pas que nous causions un peu ?

GENEVIÈVE

Encore vos histoires, merci... j'en sais assez.

GEORGES

Il ne s'agit plus de cela... j'ai donné ma démission.

GENEVIÈVE

(*Avec indifférence.*) Ah !

GEORGES

Oui... j'ai pensé à ce que vous m'avez dit tout à l'heure.

GENEVIÈVE

C'est vous qui avez parlé tout le temps.

GEORGES

Je réfléchis toujours en parlant... J'ai voulu faire de l'esprit, et je n'ai réussi qu'à vous paraître un sot, en ne vous disant pas un mot de ce que je pensais. — Vrai, je me repens d'avoir voulu plaisanter...

GENEVIÈVE

Quoi ? le mariage ? Est-ce bien la peine de revenir

là-dessus. J'ai réfléchi aussi, moi... et vos paroles m'ont convaincue. — Savez-vous que vos arguments étaient excellents !...

GEORGES

Je vous assure que cela est sérieux.

GENEVIÈVE

Vous disiez la même chose tout à l'heure.

GEORGES

Tout à l'heure... je ne vous connaissais pas.

GENEVIÈVE

Depuis cinq ans que nous nous voyons, au moins une fois par semaine !

GEORGES

Voilà la raison. Est-ce que, vous-même, me connaissez ? (*Il la regarde fixement.*) C'est à peine si je vous ai regardée...

GENEVIÈVE

(*Détournant les yeux.*) Vous voulez, il me semble, rattraper le temps perdu.

GEORGES

Voyons, ne niez pas... Quand vous avez disparu... il y avait dans vos yeux une larme toute prête à s'échapper !

GENEVIÈVE

Vous êtes fou.

GEORGES

Je l'étais... lorsque, sentant des paroles vraies qui me montaient du cœur aux lèvres, je les refoulais sottement.

GENEVIÈVE

Est-ce maintenant que vous vous moquez?... Dois-je vous croire... vous... et votre ami... Edgard?

GEORGES

Oui, Geneviève. — Il y a des gens qui passent les meilleures années de leur vie à égrener leur cœur sur les étagères de « ces dames », à côté des petits chiens de faïence et des oiseaux empaillés; — qui, s'ils rencontrent un jour une femme comme vous, toute prête à leur confier son bonheur, à leur donner, en échange d'un facile oubli, toutes les saintes joies du foyer... s'aperçoivent qu'ils ont un vide... là... et qu'ils sont incapables de partager un amour sincère! Mais, grâce à Dieu! nous ne sommes pas de ceux-là!

GENEVIÈVE

Voyons... j'ai confiance en vous... dites-moi qu'une femme comme moi peut oublier... si l'homme qu'elle serait toute disposée à aimer vient, repentant, confesser franchement ses erreurs!

GEORGES

Sur l'honneur... Geneviève... A l'homme qui vient dire : j'ai été fou, j'étais jeune! j'ai cherché, dans un monde qui n'était pas le mien, des affections que je n'y ai point rencontrées; mon cœur est sorti pur de l'épreuve, et je vous le donne tout entier; — à celui-là, il faut tendre loyalement la main.., à son repentir accorder un généreux pardon.

GENEVIÈVE

Mais... ces femmes... pourquoi les aimez-vous? Vous êtes fiers, lorsqu'on vous dit : Elle chante bien... elle a de l'esprit... et comme elle reçoit ! Il n'y a qu'elle pour faire les honneurs d'un salon ! Mais tout cela, vous le trouvez chez nous... Si elles étaient bêtes, laides et mal élevées... je comprendrais encore que, par caprice, vous fissiez trôner leur sottise dans un huit-ressorts !... mais non... elles n'ont même pas cela pour elles !

GEORGES

Oh ! si... il y en a ! C'est égal... nous sommes de bien grands imbéciles ! Tenez... Edgard me le disait encore hier...

GENEVIÈVE, intéressée.

Ah !... monsieur Edgard ?...

GEORGES

Nous étions aux Tuileries... c'était le soir... Nous suivions, du regard, les couples heureux qui passaient, les mains entrelacées, sous les allées sombres, se regardant les yeux dans les yeux... et nous pensions alors au calme et doux sourire de la compagne aimée, que l'on retrouve au logis... puis, la vision charmante disparaissait, honteuse, devant le visage plâtré d'une... Carlotta qui, vive et hardie, s'en allait rejoindre quelque déshérité comme nous ! Nous regardions les jeux de ces enfants blonds qui bondissaient autour de nous, en nous jetant au passage un petit cri joyeux... Nous rêvions, en voyant défiler ces bébés aux mines rieuses et roses, — et nous comprenions bien... allez... que le vrai bonheur était là ! Ah ! Geneviève ! si nous étions mariés !... croyez-vous qu'il y aurait une fête comparable à cette causerie au coin du feu ! Je vous prendrais la main... nos regards se confondraient !... Que faut-il de plus pour être heureux quand on aime ?

GENEVIÈVE, se levant, émue.

Oui... cette fois, vous avez raison... je vous crois, et je pardonne. Si peu qu'on tienne de bonheur, il faut vite refermer la main pour qu'il ne puisse s'échapper.

GEORGES, vivement, allant à elle.

Vous pardonnez... oh ! merci !...

GENEVIÈVE

(*Déchirant la lettre de Carlotta.*) Vous voyez... je déchire cette lettre... C'est à moi... et non à une amie qu'elle était adressée.

GEORGES

Comment ?...

GENEVIÈVE

Vous avez si bien plaidé la cause de votre ami... que j'aurais tort d'être trop sévère...

GEORGES, avec une colère concentrée.

Edgard ! Il s'agissait d'Edgard !...

GENEVIÈVE

Mais... certainement !

GEORGES, à part.

C'était écrit ! C'est égal, si jamais je veux me marier sérieusement, il faudra que je tue ce gaillard-là !

LOUISE, entrant.

Madame est prête !

GENEVIÈVE

Votre bras, monsieur de Villers ?

GEORGES

Je vous suis, comtesse. (*A part.*) Pas de bêtises, je reprends ma démission. (*Il s'assied, et écrit.*)

Fin

VINGT MILLE FRANCS

Monologue

Par M. Émile DESBEAUX.

A Mademoiselle Marie DELAPORTE,

Hommage affectueux et reconnaissant.

Émile DESBEAUX.

VINGT MILLE FRANCS

(Elle entre, tenant, dans une main, une enveloppe ouverte sur laquelle est une adresse, et, dans l'autre main, une liasse de billets de banque.)

Il faut pourtant lui envoyer tout ça !... J'ai déjà un peu tardé même... C'est une somme, vingt mille francs... Enfin, le jour où je me suis engagée, je n'ai consulté que mon cœur, et j'ai bien fait... Oui... oui, j'ai bien fait... Gaston était dans un tel état ! Sa mère était condamnée par toute la Faculté !... Alors, j'ai pris le docteur à part, et, dans un élan, je lui ai dit : « Docteur, si vous la sauvez, ma fortune est à vous !... » Ma fortune, c'est-à-dire mes économies, soit vingt mille francs ; c'est encore gentil ! Oui, j'ai fait comme ça !... Sa mère, c'est ma belle-mère, je le sais bien... je le sais trop bien !... Mais que voulez-vous ? Ç'a été plus fort que moi : un bon mouvement, là *(Elle touche son cœur.)* et il n'y a plus de raison qui tienne !... Or, savez-vous ce qu'il a fait, le docteur ? Eh bien... Eh bien, oui... il l'a sauvée !... Ça vous paraît invraisemblable... à moi aussi, mais le fait est là... ou plutôt c'est elle qui est là, en

chair et en os, surtout en os ! Elle a recommencé à me
faire des scènes, donc elle existe !... Je n'ai plus qu'à
m'exécuter. (*Elle va pour mettre les billets dans l'enveloppe.*) C'est tout de même une somme, vingt mille
francs... Ai-je bien le droit de disposer de tant d'argent?...
Cela représente mille francs de rente... Il y a des fa-
milles entières qui vivent avec moins que ça !... Qu'est-ce
que dira mon mari, quand il saura ce que j'ai fait?...
Je sais bien que le motif... mais enfin, il dira : « Ton
bon cœur t'a emportée trop loin ! » Oui, il dira quelque
chose comme ça, et il aura raison... Nous sommes
mariés sous le régime de la communauté... la moitié de
cette somme lui appartient... je ne puis pas en disposer...
Plus je réfléchis, plus je vois que je serais dans mon
tort... Je vais mettre ma part, voilà tout... (*Elle met la
moitié des billets dans sa poche et va pour mettre l'autre
moitié dans l'enveloppe.*) Dix mille francs... Oui, dix
mille francs, c'est encore très convenable... toutes les
femmes n'ont pas dix mille francs d'économies, j'en connais... Oui, le docteur trouvera les choses bien faites...
C'est correct. Je suis même sûre qu'il ne reçoit pas tous
les jours dix mille francs d'honoraires... Il est vrai que
ce ne sont pas absolument des honoraires, mais enfin,
il faut être pratique : combien a-t-il fait de visites? (*Elle
compte sur ses doigts.*) Deux... quatre... huit... dix...
Oui, dix. Eh bien, ça met la visite à mille francs !...
Quelque riche qu'on soit, tout le monde ne paie pas son
docteur un tel prix ! (*Elle enfonce à demi les billets dans
l'enveloppe.*) C'est un bon métier que celui de médecin !
Enfin, il a rendu ma belle-mère à la santé... il n'y a pas à
dire... Il est vrai que le premier jour de sa convalescence,
elle a été d'un... *belle-mère* !... je n'en ai pas dormi

de la nuit ! (*Elle retire les billets de l'enveloppe.*) Il
y a tant de gens qui seraient heureux avec la moitié
de cette somme !... Vraiment, si je croyais que cinq
mille francs lui parussent suffisants... comme cela me
semble à moi, d'ailleurs.. je les lui enverrais sans regret...
Cela porte la visite encore à cinq cents francs. C'est plus
que raisonnable !... Eh bien, ma foi ! c'est entendu !...
(*Elle met cinq billets dans sa poche et glisse les cinq
autres dans l'enveloppe.*) Là ! Maintenant !... (*Elle va
pour mouiller la partie gommée de l'enveloppe, puis elle
s'arrête.*) C'est égal ! Je ne me vanterai même pas de ce
que je fais là... On se moquerait de moi. (*Elle va, de nouveau, pour mouiller l'enveloppe et s'arrête encore.*) Mais
oui, on se moquerait de moi, car, enfin, on ne peut pas
dire qu'il l'a sauvée... on n'est pas un sauveur quand on
guérit un rhume !... Ils ont beau leur donner un tas de
noms ! mais au fond, qu'est-ce qu'elle avait ? un gros
rhume... pas autre chose ! Eh bien, guérir un rhume,
ça n'est pas sauver les gens !... Non, je veux bien être
bonne, mais je ne veux pas être... ridicule... Jamais, je
ne lui paierai cinq cents francs la visite pour avoir guéri
un rhume, pour avoir fait quelques ordonnances illisi-
bles... avec du laudanum... Tout le monde peut ordonner
du laudanum... Les médecins à trois francs la visite ordon-
nent du laudanum... (*Elle retire à demi les billets qui
sont dans l'enveloppe.*) Et je lui envoie cinq mille francs
pour ça !... Cependant, sans lui, elle eût peut-être été plus
malade... mais c'est son caractère qui la rend malade...
Jamais on n'a vu un caractère pareil... Elle me fait une
existence !... C'est moi, oui, c'est moi qui finirai par tomber malade et pour de bon... et, alors, ce ne sera pas elle
qui promettra sa fortune au médecin pour me sauver !

je la connais !... (*Elle retire les billets de l'enveloppe et les compte ; elle en tient un, ouvert, qu'elle regarde.*) Mille francs !... Ses visites ordinaires sont de vingt francs... Avec ce billet, elles monteront à cent francs... Parfaitement ! Et personne ne pourra y trouver à redire ! (*Elle glisse dans sa poche quatre billets et met le dernier billet dans l'enveloppe.*) Cette fois, par exemple... (*Elle mouille l'enveloppe, puis elle s'arrête.*) Ah ! oui, cette fois, il n'y a plus à y revenir ! (*Elle cachète l'enveloppe.*) Là ! (*Lisant l'adresse qui est écrite sur l'enveloppe.*) « Monsieur le docteur Christophle, rue de Médicis, n° 8... » C'est bien cela... rue de Médicis, n° 8... Oui, il demeure dans la maison que j'ai apportée dans la communauté... ma dot... A propos de cette maison, que me disait donc le gérant, ce matin ?... Il m'a remis une lettre des locataires du deuxième... au-dessus du docteur... et il m'a dit que le docteur avait, sans autorisation, fait abattre une cloison dans son appartement... oui, c'est bien cela... et, que cette démolition faisait menacer ruine à l'immeuble... Mon Dieu !... mais, je l'ai, la lettre des locataires du deuxième... Voyons donc !... (*Elle cherche dans sa poche, elle en tire une lettre.*) Ah ! la voici ! (*Parcourant des yeux la lettre.*) « Plancher de chambre à coucher englouti dans l'appartement du docteur... obligés d'aller demeurer à l'hôtel... Six mois pour faire réparations nécessaires... » réparations nécessaires... et ils concluent en demandant « dix mille francs de dommages-intérêts ! » Ah ! non !... Ah ! bien, ce n'est pas nous qui paierons ça !... C'est trop fort !... Comment ! ce docteur... (*Elle décachète l'enveloppe et elle en retire le billet.*) Non content d'exiger des sommes comme celles-là (*Elle montre le billet de mille francs.*) pour des visites... que je ne veux pas qualifier, il fait encore écrouler des appartements!... Par exemple ! (*Elle met le billet dans sa poche et déchire l'enveloppe.*) — (*Appelant à la cantonade.*) Antoinette... mon paletot et mon chapeau!... (*A elle-même.*) Je vais de ce pas chez mon avoué, et c'est ce docteur qui les paiera ces dix mille francs de dommages-intérêts !... C'est bien le moins !...

Fin.

LES BOUQUETS

Comédie en un acte

Par M. Eugène CEILLIER.

PERSONNAGES

GEORGES DE ROVINA.
RENÉ MONTAL.
MADAME DE ROVINA.
JEANNE DE ROVINA.

LES BOUQUETS

Le théâtre représente un cabinet de travail. — Porte d'entrée au fond; à droite, porte donnant dans la chambre de Georges; à gauche, porte de l'appartement de madame de Rovina; table, etc.

SCÈNE PREMIÈRE

GEORGES, entrant en dansant.

Ah! ah! ils n'ont rien vu. Et pourtant, (*Ouvrant son ulster, et laissant voir son costume de Pierrot.*) dire que c'est moi qui rentre comme cela, à midi moins dix, juste pour déjeuner! Ah! elle est bien bonne!

> Ah! si ma maman savait cela!
> Tra, la, la!
> Ah! si ma maman savait cela!
> Tra, la, la!
> Nom d'une pipe!

(*Apercevant une lettre sur la table.*) Tiens! qu'est-ce que cela? (*Examinant l'enveloppe.*) Une lettre de ma tante. Allons! qu'est-ce qu'elle me veut? (*Il lit.*) « Tu « as beaucoup plu; envoie vite un bouquet, et viens « m'embrasser. Ta vieille tante bien heureuse. » — Sapristi! c'est du chinois, ça. (*Relisant.*) « Tu as beaucoup

« plu ; envoie vite un bouquet, et viens m'embrasser.
« Ta vieille tante bien heureuse. » — Ah ! parfait ! parfait ! Il n'y a que la foi qui sauve, en voilà la preuve.
Allons, allons, je crois que la pauvre tante a dépensé
toute sa raison dans ses dernières folies. J'ai beaucoup
plu... (*Haussant les épaules.*) à une jeune fille que je
n'ai pas vue ! je dois envoyer un bouquet dans une maison où je ne suis jamais allé !... Et la pauvre tante sou-
tiendra encore qu'elle a pour moi une affection éclairée !
Ah ! vrai, c'est joli ! (*Il rit.*)

SCÈNE DEUXIÈME

RENÉ, GEORGES.

RENÉ, entrant.

A la bonne heure... on est gai, ici !

GEORGES, qui a brusquement fermé son ulster, l'entr'ouvrant.

Tu m'as fait une fière peur !

RENÉ

Ah çà ! tu te déguises pour toi tout seul.

GEORGES

Chut ! je rentre.

RENÉ

A midi ! c'est assez coquet !

GEORGES

C'est justement parce qu'il est midi, et qu'il faut aller

déjeuner en famille, que je vais changer. Hein ! tu permets. (*Il ôte son ulster; et, pendant toute la scène, va et vient dans la pièce à côté dont la porte est ouverte, et où il se déshabille.*) Ah çà, qu'est-ce qui t'amène à cette heure-ci ?

RENÉ

Mon cher, une histoire invraisemblable, et qui pourtant n'en est pas moins vraie.

GEORGES

Ça s'est mis en vers, ce que tu dis là.

RENÉ

Tu sais que j'ai ici des cousins chez lesquels je ne vais jamais, les de Martois : ma famille est quelque peu en relations avec eux, mais moi je ne les connais même pas. Or, l'autre jour, je reçois une invitation à dîner ; je n'y comprenais rien.

GEORGES

Un quatorzième, parbleu !

RENÉ

Peut-être. Mon premier mouvement est de refuser et d'écrire que je suis obligé d'aller à Amiens.

GEORGES

Pourquoi Amiens ?

RENÉ

J'ai adopté cette ville-là. J'allais donc refuser, lorsque j'apprends qu'un de mes cousins, que j'aime beaucoup, doit y dîner ; bref, je me ravise, j'accepte, et hier, crac !

il tombe malade, et me voilà réduit à me présenter tout
seul. Il n'y avait pas à reculer, je m'étais condamné
moi-même, il fallait m'exécuter ; c'est ce que je fis, et, à
sept heures, j'arrivai pimpant, 26, avenue de la Reine.

GEORGES

Tu dis 26, avenue de la Reine?

RENÉ

Oui, qu'est-ce qui t'étonne?

GEORGES

Non, c'est bizarre! Va toujours.

RENÉ

Je demande au concierge : « Madame de Martois?
— Au second. » Je monte, j'entre, je salue ; pas une tête
de connaissance. A peine étais-je arrivé, qu'on avertit.
Je me trouve placé à côté de la fille de la maison, et je
te donne en cent à deviner ce qui arrive.

GEORGES

Tu bois dans son verre, et tu es obligé de l'épouser...
comme dans le « Grand Casimir » !

RENÉ

Pas tout à fait ; mais, au milieu du dîner, je m'aperçois
que je ne suis pas chez mes cousins, mais bien chez des
gens que je ne connais pas. Je demande négligemment à
la jeune fille si les de Martois ne demeurent pas dans la
maison : « Oui, monsieur, juste au-dessus de nous. » —
J'avais oublié l'entresol.

GEORGES

Elle est drôle ! Qu'as-tu fait ?

RENÉ

J'ai hésité, et puis, ma foi ! faire des excuses au milieu du dîner et m'en aller, c'était trop bête ; je suis resté sans rien dire, et tout cela était si cocasse, que ça m'a mis en belle humeur et que j'ai été d'une gaîté folle. (*Georges lui serre la main avec effusion.*) Qu'est-ce que tu aurais fait ?

GEORGES

Rien d'aussi bien. Je te déclare le plus grand séducteur du monde, et voici ton brevet. (*Il lui donne la lettre.*)

RENÉ

Qu'est-ce que c'est que cela? (*Lisant.*) « Tu as beau-
« coup plu; envoie vite un bouquet, et viens m'em-
« brasser. »

GEORGES

Eh bien, oui, va embrasser ma tante.

RENÉ

Ah çà, tu te crois encore au bal masqué !

GEORGES

Je ne plaisante pas; ce serait moins drôle que la réalité. Écoute-moi, à ton tour... Hier, je devais dîner, 26, avenue de la Reine, chez les Bertranbois, que je ne connais pas...

RENÉ

Alors ?...

GEORGES

Chut ! laisse-moi finir... je devais être présenté par ma tante ; tu vois ça d'ici... une entrevue sous les yeux de la famille. La tante tombe malade ; elle m'écrit de me présenter sans elle, qu'elle m'a annoncé !... Oh ! attends un peu !... (*Il se précipite dans sa chambre.*)

RENÉ, seul.

Qu'est-ce qui te prend ? (*A part.*) Je comprends vaguement. J'ai fait four.

GEORGES, rentrant.

Tiens, la preuve, voilà ma lettre d'excuse, elle n'est pas partie : on t'a pris pour moi.

RENÉ

Mon cher, je suis désolé.

GEORGES

Désolé, désolé tant que tu voudras, il n'en est pas moins vrai que tu me prends ma fiancée.

RENÉ

Absolument pas, j'ignorais complètement.

GEORGES

C'est bon, c'est bon, on t'a pris pour moi. Eh bien, tu prendras ma place jusqu'au bout.

RENÉ

Tu perds la tête, voyons !

GEORGES

Pas le moins du monde. Ah ! monsieur veut aller

faire le joli cœur sous mon nom auprès des jeunes filles,
il veut me mâcher la besogne, eh bien ! mâche et mange.

RENÉ

Georges, je regrette sincèrement que ce que j'ai fait
par étourderie te contrarie à ce point, mais je ne puis
admettre tout ce que tu dis là.

GEORGES, riant.

Cornichon, va ! Tu m'as rendu un fier service sans t'en
douter, voilà tout ! (*On frappe.*)

SCÈNE TROISIÈME

LES MÊMES, JEANNE.

GEORGES

Entrez.

JEANNE, entrant joyeusement.

Ah ! mon petit frère, que tu es gentil ! Si tu savais
comme nous sommes heureuses ! Maman monte derrière
moi, mais j'ai couru bien vite pour venir t'embrasser la
première. On dit qu'elle est charmante. Oh ! je l'aimerai
bien, va. (*Apercevant René, confuse.*) Ah !... bonjour, monsieur, je vous demande pardon, je ne vous avais pas vu.

RENÉ, s'inclinant.

Mademoiselle... (*A Georges.*) A bientôt.

GEORGES

Ah çà, tu es bien pressé ! Attends un peu, tu ne nous
gênes pas.

SCÈNE QUATRIÈME

LES MÊMES, MADAME DE ROVINA.

MADAME DE ROVINA, entrant.

Embrasse-moi, Georges. (*A René.*) Non, monsieur,
vous n'êtes pas de trop, je vous sais assez l'ami de mon
fils, pour être certaine que vous prendrez part à son
bonheur.

RENÉ

Quel qu'il soit, vous ne vous trompez pas, madame.

GEORGES, bas à René.

Ne m'abandonne pas, je crois que je suis dans le
pétrin.

MADAME DE ROVINA

Mon enfant, je suis bien heureuse, car tout semble
réuni dans ce mariage pour faire ton bonheur.

GEORGES

Dis donc, maman, il est facile à faire mon bonheur,
c'est le quinzième mariage dont on me parle et qui
doit l'assurer.

MADAME DE ROVINA

Oui, mais cette fois-ci je sais tout, combien tu as été
aimable, attentif, et... apprécié.

GEORGES, bas à René.

Allons... rengorge-toi !...

RENÉ, bas.

Je t'en prie, tais-toi.

MADAME DE ROVINA

Je sors de chez ta pauvre tante qui était bien souffrante hier, je l'ai trouvée rajeunie de dix ans depuis la veille; elle a reçu ce matin un mot de madame Callas qui était hier chez les Bertranbois, et tu as séduit la mère, la fille, et toute la famille.

GEORGES

Ma pauvre maman, ton affection t'aveugle.

JEANNE

Oh non, j'ai lu la lettre, on disait tout cela.

MADAME DE ROVINA

On recommandait même que tu envoies un bouquet sans tarder. De sorte que, en sortant de chez ta tante, nous sommes passées chez Paul et j'ai commandé des fleurs.

GEORGES

Pour mademoiselle Bertranbois?

MADAME DE ROVINA

Eh bien, oui... Qu'as-tu?

GEORGES

Vite mon chapeau. (*Il le saisit et se précipite pour sortir.*)

MADAME DE ROVINA

Où vas-tu?

13.

GEORGES

Dire qu'on ne les envoie pas.

MADAME DE ROVINA

Elles sont parties avec ta carte.

GEORGES

C'est complet ! ! !

MADAME DE ROVINA

Tu as l'air contrarié de ce que j'ai fait.

GEORGES

On le serait à moins. Il me semble qu'on aurait pu me consulter.

JEANNE

Tu avais été si aimable !

MADAME DE ROVINA

Nous avons cru que cette amabilité était un consentement...

GEORGES

Ma bonne mère, tu as fait pour le mieux, je ne t'en veux pas, mais enfin... mademoiselle Bertranbois n'est pas l'élue de mon cœur.

MADAME DE ROVINA

L'élue, peut-être pas encore, mais elle le deviendra.

GEORGES

Non ! Invalidée.

MADAME DE ROVINA

C'est un parti pris alors.

GEORGES

Eh bien soit, c'est un parti pris d'invalider... Ça s'est vu.

MADAME DE ROVINA

Elle est charmante. Que lui reproches-tu ?

GEORGES

Tout et rien.

RENÉ, salue pour se retirer.

Madame...

GEORGES

Non, non, reste : j'ai à te parler.

JEANNE, à René.

Vous le calmerez et vous plaiderez notre cause, monsieur, car mon frère n'a pas l'air content de nous.

MADAME DE ROVINA

Tout et rien : ce n'est pas une réponse...

GEORGES

Enfin que veux-tu, je n'aime pas les brunes.

MADAME DE ROVINA

Qu'est-ce que tu racontes-là, tu ne l'as donc pas regardée !... c'est une blonde par excellence !

GEORGES, embarrassé.

Oui, je sais bien, mais j'aime les blondes grandes, minces, élancées.

MADAME DE ROVINA

Ah çà, voyons, Georges, tu as à cœur d'être contrariant ; c'est justement son portrait que tu traces là.

GEORGES, impatienté.

Eh bien soit, j'ai un parti pris, elle ne me plaît pas et je ne veux pas l'épouser.

MADAME DE ROVINA

Mais enfin, pourquoi ?

JEANNE

Et ce bouquet ?

GEORGES

Il ne fallait pas l'envoyer.

MADAME DE ROVINA

Donne-moi une raison, au moins ; je t'en prie, Georges.

GEORGES

Une raison ! une raison ! Eh bien, c'est parce qu'un de mes amis aime mademoiselle Bertranbois, que cet ami était justement là, à me confier son secret, et que je ne veux pas être un obstacle à son bonheur. N'est-ce pas, René ?

JEANNE

Lui !

RENÉ

Comment moi, mais madame...

GEORGES, bas.

Ne dis rien, tu me sauves. (*Mouvement de Jeanne.*) Qu'as-tu, ma petite sœur ?

JEANNE

Rien... je regrette de t'avoir contrarié.

RENÉ

Madame, je suis désolé que Georges me mette ainsi en avant...

MADAME DE ROVINA, piquée.

Tellement désolé, que vous offrez de vous retirer peut-être.

GEORGES, regardant sa sœur.

Tiens, tiens, tiens !

RENÉ

Mais, madame, ce n'est qu'une plaisanterie.

MADAME DE ROVINA

Vous avez tort de vous en défendre, monsieur, et je vous souhaite bonne chance. Viens, Jeanne.

SCÈNE CINQUIÈME

RENÉ, GEORGES.

RENÉ

Mon cher, si c'est une plaisanterie, je la trouve de mauvais goût.

GEORGES

* Ah !

RENÉ

Elle m'est on ne peut plus désagréable.

GEORGES

Tiens !

RENÉ

Et je ne vois pas quel sel tu peux trouver à me faire
passer pour amoureux de toutes les femmes.

GEORGES

Comment de toutes ? Je trouve ton pluriel singulier,
je n'ai jamais parlé que de mademoiselle Bertranbois...
Enfin, soit, j'ai eu tort, et je vais aller dire... à ma mère
ou à ma sœur...

RENÉ

Ah ! tu m'ennuies.

GEORGES

Soit : à toutes les deux alors, que mon ami René fait
démentir officiellement le bruit qui a couru de son
amour pour mademoiselle Bertranbois.

RENÉ

Écoute, Georges, cette plaisanterie a duré assez longtemps, je te prie de la cesser.

GEORGES

Tu n'es pas agréable, le matin, sais-tu ; si mademoiselle
Bertranbois t'avait vu à cette heure-là, je crois qu'elle
serait moins enthousiasmée.

RENÉ

Franchement, c'est que tu es pas mal agaçant.

GEORGES

Tant que cela ? c'est donc bien grave que ma mère et ma sœur se figurent quelques instants que tu es amoureux d'une jeune fille que l'on dit charmante. (*Mouvement d'agacement de René ; Georges lui frappant sur l'épaule.*) Ris donc, cornichon, tu ne vois pas que je te taquine. (*Gravement.*) Je ne recommencerai plus à parler de toi avec cette légèreté devant ma famille. Ta main !... Mais il faut avant tout nous tirer de cette situation embarrassante.

RENÉ

Elle n'est peut-être pas si embarrassante que cela.

GEORGES

Es-tu fou ?

RENÉ

Pas du tout. J'irai tout simplement chez madame Bertranbois lui avouer qui je suis, comment j'ai dîné chez elle, et quelle fausse honte m'a empêché de me retirer.

GEORGES

Et puis après ?

RENÉ

Quoi après ?... C'est fini.

GEORGES

Et le bouquet?

RENÉ

Le bouquet ! le bouquet ! il est un peu prématuré,
c'est évident ; mais enfin, puisque ta mère désire que tu
épouses cette jeune fille...

GEORGES

Halte-là. C'est que moi je ne le désire pas.

RENÉ

Elle est charmante...

GEORGES

Ça m'est bien égal. Ce n'est pas elle que je refuse,
c'est le mariage... J'ai lu, je ne sais où, que, pour les
femmes, le mariage est une cuirasse dont le mari est le
défaut ; eh bien, j'ai bien assez de ceux que j'ai déjà
sans aller m'en créer un autre... Quant à toi, qui es
parfait, tu peux enrichir ta collection.

RENÉ

Je ne vois pas ce que je viens faire là-dedans.

GEORGES

Je le vois bien, moi. Enfin, ce n'est pas le moment.
Il faut ravoir ce satané bouquet.

RENÉ

Bah ! il se fanera et tout sera dit.

GEORGES

Eh bien alors, quel rôle joué-je, comme dirait Bos-
suet ; j'envoie des fleurs et je ne parais pas !

RENÉ

C'est vrai.

GEORGES

Il faut ravoir ce bouquet, vois-tu; il n'y a pas à dire.

RENÉ

Oui. Eh bien alors, je pars à la conquête du bouquet ! Adieu, mon ami, tu ne me reverras que mort ou... fleuri.

GEORGES

Qu'est-ce que tu vas faire ?

RENÉ

Je t'en ferai part à mon retour. (*A part.*) Je le saurai alors peut-être mieux que maintenant. A tantôt (*Fausse sortie.*); mais dis bien à ta mère que tu as voulu plaisanter.

GEORGES

N'aie pas peur, je le dirai à toute ma famille.

RENÉ

N'oublie pas.

(*Il sort.*)

SCÈNE SIXIÈME

GEORGES, seul.

Ce que je vois de plus clair, c'est que ma petite fille de sœur se permet d'avoir son petit roman tout comme une grande demoiselle, qu'elle trouve mon ami René très à son goût... et que lui-même... tiens, tiens, que de choses on découvre en revenant du bal masqué.

SCÈNE SEPTIÈME

GEORGES, JEANNE.

JEANNE

Tu es seul ?

GEORGES

Oui, ça te contrarie ?

JEANNE

On m'a dit que ton ami était parti.

GEORGES

On m'a dit !... Fi ! que c'est laid ! Mademoiselle écoute aux portes ou guette par les fenêtres.

JEANNE

Tu es méchant, ce matin. Je suis toute triste, parce que je vois que nous t'avons contrarié.

GEORGES

Ce n'est que pour cela, bien vrai ?

JEANNE

Mais oui ; pourquoi donc voudrais-tu que j'eusse du chagrin ?

GEORGES

Je ne sais pas; je pensais que vous aviez peut-être cassé votre poupée, mademoiselle.

JEANNE

Tu me traites toujours comme une petite fille; j'ai dix-sept ans, voyons.

GEORGES

Dix-sept ans ! Il va bientôt falloir penser à te marier.

JEANNE

Je ne me marierai pas.

GEORGES

C'est irrévocable.

JEANNE

Je ne veux pas me marier.

GEORGES

Mademoiselle attend les lois Naquet ?

JEANNE

Je ne connais pas les lois Naquet, mais ce que je sais, c'est que je ne me marierai pas.

GEORGES

Vraiment ! répète-moi cela sans rire.

JEANNE, agacée.

Laisse-moi, tu m'ennuies.

GEORGES

Heureusement que tout le monde ne partage pas ton

horreur pour le mariage. Je crois que mon ami René en est moins ennemi, et que...

JEANNE

Tant mieux... si cela fait son bonheur... (*Elle va à la fenêtre et essuie ses yeux.*)

GEORGES

Oh ! oui, tant mieux ! car c'est un garçon que j'aime beaucoup... Comment, Jeanne, tu pleures ?

JEANNE

Non... laisse-moi.

GEORGES

Je t'en prie, ma petite sœur, pardonne-moi si je t'ai fait de la peine ; je voulais te taquiner un peu et savoir...

JEANNE

Savoir... savoir quoi ? Vous ne saurez rien.

GEORGES

Que ce que je devinerai alors. Mademoiselle ne veut rien dire à son frère, rien lui avouer, quand bien même ce frère lui dirait que... son ami René... allons ! faites une risette. (*Jeanne hausse les épaules et sourit.*) que... son ami René...

SCÈNE HUITIÈME

LES MÊMES, UN DOMESTIQUE.

LE DOMESTIQUE, bas, avec malice.

On apporte un bouquet pour monsieur.

GEORGES

Comment, déjà !

LE DOMESTIQUE, de même.

Oui, monsieur; c'est deux dames qui l'ont acheté, qui ont donné la carte de monsieur, et qui n'ont rien dit.

JEANNE

Je te gêne, je m'en vais.

GEORGES

Non, au contraire, attends-moi. — Je ne comprends pas un mot à ce qu'il me raconte; je vais voir ce que c'est, et je reviens.

(Il sort.)

LE DOMESTIQUE

C'est tout de même chouette de recevoir des bouquets comme ça. C'est pas à moi qu'on en enverrait.

(Il sort.)

SCÈNE NEUVIÈME

JEANNE, seule.

(*Elle va à la fenêtre sans rien dire; revient; se jette dans un fauteuil, et éclate en sanglots.*) Mon Dieu, que je suis malheureuse !

(*Elle sort.*)

SCÈNE DIXIÈME

GEORGES, seul, entrant.

Je l'aurais embrassé, ce fleuriste ! Tiens ! Jeanne est partie, tant pis ! Je vais mettre mon bouquet dans l'eau pour en jouir, au moins, le plus longtemps possible, et quand il sera fané... je le garderai tout de même comme un témoin des dangers que j'ai courus. (*Tout en parlant, il va de la chambre à la pièce à côté, cherchant un vase pour le bouquet ; il rapporte le pot à eau.*) Un pot à eau ! C'est tout ce que je trouve ; que c'est prosaïque pour un bouquet qui avait une destinée si pleine de poésie. (*Il arrange le bouquet. Madame de Rovina entre.*)

SCÈNE ONZIÈME

MADAME DE ROVINA, GEORGES.

GEORGES

Tu vois, maman, je prends soin de tes fleurs.

MADAME DE ROVINA

De mes fleurs ?

GEORGES

Mademoiselle Bertranbois ne les a pas acceptées.

MADAME DE ROVINA

Ne les a pas acceptées !... Je voudrais bien voir que cette petite pimbêche... parce qu'elle est coiffée de son René.

GEORGES

Ah ! pimbêche ! Maman, je ne te l'ai pas fait dire. Eh bien ! non, rassure-toi, elle n'a pas eu cette peine.

MADAME DE ROVINA

Comment ces fleurs sont-elles ici, alors ?

GEORGES

Le doigt de Dieu, vois-tu ! (*Avec emphase*.) Dieu qui protège les innocents contre les embûches...

MADAME DE ROVINA

Georges, je n'aime pas que tu me répondes ainsi.

GEORGES

Eh bien ! ma petite maman, c'est tout simple ; tu n'as oublié qu'une chose, ce matin : c'est de dire où porter mon bouquet.

MADAME DE ROVINA

Je me souviens parfaitement avoir donné l'adresse des Bertranbois.

GEORGES

Alors, c'est pour le coup que je vois le doigt de Dieu en cette affaire ! Le fleuriste aura subitement perdu la mémoire et l'adresse avec, et comme ma carte était jointe au bouquet, cet honnête industriel est venu prendre mes instructions.

MADAME DE ROVINA

Et tes instructions ont été de ne pas porter le bouquet avenue de la Reine ?

GEORGES

Dame ! tu le vois.

MADAME DE ROVINA

Ainsi, tu renonces à ce mariage ?

GEORGES

Pas plus à celui-là qu'à un autre ; momentanément, je ne désire pas me marier et surtout épouser une jeune fille que je connais aussi peu que mademoiselle Bertranbois.

MADAME DE ROVINA

Je ne veux pas t'influencer, tu es assez grand pour savoir ce que tu as à faire ; mais tu me fais beaucoup de chagrin.

GEORGES

Voyons, mère, tu as donc bien envie de te débarrasser de moi ; ce n'est donc pas gentil d'avoir un grand fils qui vous sert de cavalier, qui vous aime tous les jours davantage , vivant plus auprès de vous, et qui com-

prend mieux, chaque jour, tout ce qu'il doit à sa mère
chérie.

MADAME DE ROVINA

Je ne dis pas le contraire, mais on ne vit pas seulement pour sa mère.

GEORGES

Eh bien, laisse-moi faire; je te choisirai un jour une
bonne petite femme que j'aimerai bien, qui me le ren-
dra un peu, et qui partagera avec moi ses joies et ses
peines, et surtout mon affection pour toi. Là, seras-tu
contente?

MADAME DE ROVINA

Oui, mais je voudrais bien que cela ne tardât pas
trop. Si encore tu faisais quelque chose, mais non, rien
du matin au soir.

GEORGES

Ah! maman, je lis, je dessine, j'écrivaille, jamais je
ne suis inoccupé, et le billard, donc? je suis de première force.

MADAME DE ROVINA

Cela te mènera loin, va.

GEORGES

Peut-être, si je veux devenir un homme politique.
(*Madame de Rovina hausse les épaules.*) Mais, parfaitement, le vieux jeu, avec des blouses : on gagne quand
on met son adversaire dedans; tu vois quel enseigne-
ment, c'est de la politique ou je ne m'y connais pas.

MADAME DE ROVINA, souriant.

Tout cela, vois-tu, ne constitue pas des occupations bien sérieuses... je voudrais te voir marié.

GEORGES

Comme occupation ?

MADAME DE ROVINA

Non, mais tu aurais un but, au moins.

GEORGES

Avec cela que c'est agréable d'avoir un but; on marche droit devant soi, vite, vite, pour arriver le plus tôt possible, et on n'a pas seulement joui des beautés du chemin. J'aime mieux flâner, moi, ou voyager en touriste.

MADAME DE ROVINA

Dis cela à ton cercle pour faire le bel esprit, mais pas à moi; tu me fais beaucoup de peine, Georges.

GEORGES

Ah çà ! tu as donc bien envie d'être belle-mère ? marie ma sœur, alors.

MADAME DE ROVINA

Tu perds la tête ; voyons, ta sœur est une enfant.

GEORGES

Une enfant ! une enfant ! pour toi, qui veux toujours voir en elle le bébé d'autrefois ; mais c'est parfaitement une jeune fille.

MADAME DE ROVINA

En tous cas, une jeune fille qui peut attendre. Je préfère même beaucoup qu'elle ne se hâte pas.

GEORGES

Ah ! ah ! tu gardes toutes tes sévérités pour moi ; on ne me donne pas de répit à moi.

MADAME DE ROVINA

Ce n'est pas du tout la même chose.

GEORGES

Non, c'est vrai ; moi je n'aime personne, tandis que Jeanne...

MADAME DE ROVINA

Est-ce que tu vas prétendre que ta sœur est éprise de quelqu'un ?

GEORGES

Et pourquoi pas ?

SCÈNE DOUZIÈME

LES MÊMES, JEANNE.

JEANNE

Maman, on te cherche partout pour t'avertir que le déjeuner est servi.

GEORGES

Ah ! te voilà, tu arrives à propos, il est question de toi ; maman veut te marier.

JEANNE

Moi !

MADAME DE ROVINA

Ton frère ne sait ce qu'il dit... Allons, venez déjeuner.

GEORGES

Mais si, c'est sérieux.

JEANNE

Cela n'est pas vrai, n'est-ce pas, ma mère ?

MADAME DE ROVINA

Ce serait donc bien effrayant, que tu prends cet air-là ?

JEANNE

Pour toute autre, non ; mais moi je ne veux pas me marier.

GEORGES, à sa mère.

Es-tu convaincue maintenant ?

SCÈNE TREIZIÈME

LES MÊMES, RENÉ.

RENE, entre brandissant son bouquet.

Enfin ! le voilà. (*Apercevant les dames, il cache le bouquet derrière son dos.*) Madame, mademoiselle !

JEANNE, bas à Georges.

Pourquoi est-ce qu'il cache son bouquet ?

GEORGES, haut.

Entends-tu ? Ma sœur est très intriguée de savoir ce que c'est que ces fleurs que tu dissimules avec persistance.

MADAME DE ROVINA

Votre bouquet de fiancée, sans doute, monsieur ; vous, vous avez tort de le cacher ; il ne faut pas en rougir : mademoiselle Bertranbois est charmante.

RENÉ, balbutiant.

Madame, vous vous trompez; au contraire. (*Bas à Georges.*) Réponds pour moi ou j'avoue tout.

GEORGES, haut.

Comment, tu avoues ! tu avoues quoi ?

MADAME DE ROVINA

Je ne vous demande pas vos secrets.

GEORGES

Si ! si ! qu'est-ce que c'est que ce bouquet ?

RENÉ, bas.

C'est toi qui le demandes !

GEORGES, haut.

Oui, c'est moi qui le demande pour faire plaisir à ma sœur.

JEANNE

Mais, monsieur, je n'ai rien dit. (*Bas à Georges.*) Tu es insupportable.

14.

RENÉ

Eh bien ! madame, ce bouquet est tout simplement celui que vous avez envoyé à mademoiselle Bertranbois ce matin et que Georges m'a prié de ravoir.

MADAME DE ROVINA, riant.

Vous n'avez pas de chance, monsieur ; le bouquet dont vous parlez est ici depuis un quart d'heure.

JEANNE, bas à son frère.

Vois comme tu le mets dans l'embarras.

GEORGES

Tu te moques de moi, hein ?

RENÉ

Pas du tout. Je suis allé chez madame Bertranbois ; ces dames n'étaient pas rentrées depuis le matin et, moyennant une petite gratification et un léger mensonge, j'ai obtenu de la bonne qu'elle me restituât le bouquet qu'on venait d'apporter.

GEORGES

De ma part ?...

RENÉ

Je n'ai rien dit : j'ai réclamé les fleurs qui avaient été envoyées ce matin.

JEANNE

Il faut les rendre ; ce ne sont pas les tiennes, puisque les voilà.

GEORGES, qui regarde le bouquet.

C'est de la magie... Ah ! une carte. Monsieur Valery !
Comment, nous étions deux à concourir !

MADAME DE ROVINA

Voilà un rival, monsieur, sur lequel vous ne comptiez
pas.

RENÉ

Mais, madame, je ne suis pas du tout un prétendant à
la main de mademoiselle Bertranbois.

GEORGES, riant.

Je t'avais dit cela pour te dissuader de me la faire
épouser.

JEANNE

Oh ! ce Georges !

GEORGES, à Jeanne.

Eh bien ! ris, puisque tu en as envie.

RENÉ

Je n'étais pas complice, mademoiselle.

MADAME DE ROVINA

Mon fils, je suis très mécontente. Même en plaisantant,
je ne trouve pas bon qu'on se moque ainsi de sa mère.

GEORGES

Se moquer, maman, c'est un bien gros mot : j'ai commis un mensonge joyeux, voilà tout... et la preuve qu'il
est joyeux, mon mensonge, c'est qu'il n'attriste personne,
il me semble. Vois plutôt. (*Il montre Jeanne et René qui
causent.*) C'est fini, tu ne m'en veux plus ?

MADAME DE ROVINA, haussant les épaules et souriant.

Je suis trop faible.

JEANNE

Mais il faut renvoyer le bouquet.

MADAME DE ROVINA

Naturellement; et cela immédiatement. Un bouquet de fiancé !

GEORGES, appelant à la porte.

Jean !... vous porterez ce bouquet 26 avenue de la Reine, chez madame Bertranbois.

JEANNE, riant.

Tu n'envoies pas le tien avec ?

RENÉ

Cette fois, je n'irai plus le chercher. (*Il cause avec Jeanne.*)

GEORGES, à sa mère.

Demande-lui donc encore si elle ne veut pas se marier.

MADAME DE ROVINA

Ton ami ? tu crois ?

GEORGES

Parbleu, c'est assez visible. (*Haut.*) Décidément, ce bouquet ne peut pas rester dans ce pot à eau. (*A René.*) Tiens, offre-le à ma sœur.

MADAME DE ROVINA

Georges !

GEORGES

Pourquoi pas ? Parce qu'il est blanc !

RENÉ, à madame de Rovina.

C'est une raison de plus, si vous le permettez.

MADAME DE ROVINA

Faites, monsieur.

GEORGES

Allons, maman, tu seras belle-mère, va.

Rideau.

LE SECRET D'UNE VAINCUE

Récit épique

Par M. Ernest D'Hervilly.

———

A mon ami B. MARAIS,
de l'Odéon.

LE SECRET D'UNE VAINCUE

C'était aux temps anciens où l'homme sur la liste
Des machines de guerre ajoutait la baliste,
Avec la catapulte à l'âpre ronflement ;
Et les armes étaient de bronze seulement.

Une ville assiégée agonisait, terrible.
Du sommet de ses tours, ainsi que l'eau d'un crible,
Pleuvait encor la poix mêlée au plomb fondu
Qui sifflait dans les chairs. — Mais tout était perdu !
Et par les trous béants de ses hautes murailles,
Comme d'un ventre ouvert s'échappent des entrailles,
S'éboulaient les gazons qui blindaient les remparts.
Les terres par torrents coulaient de toutes parts.
Tel un arbre mourant pleure ses sombres gommes.

Les échelles partout, lourdes de grappes d'hommes,
Escaladaient les murs pour le suprême assaut ;
Celles qu'on repoussait avec rage d'en haut
S'écroulaient bruyamment en arrière, pareilles
Aux supports vermoulus des pampres de nos treilles

Ployant sous les raisins, et que le vent abat.
Les trompettes sonnaient pour le dernier combat.

Les béliers enfonçaient sans relâche les portes
Que battaient, flots vivants, d'incessantes cohortes
De soldats, cheminant sous de lourds boucliers
Imbriqués l'un sur l'autre, et qui semblaient liés :
On eût dit d'un reptile humain la carapace.

Sous la chute des blocs projetés dans l'espace
Des files d'assaillants roulaient dans les fossés,
Et les morts en tombant achevaient les blessés,
Et tous étaient broyés par la grêle des briques
Qui traversait le jet strident des phalariques
Perçant les os du crâne ainsi qu'un sable mou.

L'assaut fut effrayant, haineux, sublime, fou !

Des êtres suspendus par les ongles aux pierres,
Le visage haché, sans nez et sans paupières,
Apparaissaient soudain au ras des parapets,
Puis expiraient, hurlant. — O morts, dormez en paix !

L'assiégé, rassemblant ses forces abattues,
Jetait sur l'assaillant armes, meubles, statues,
Ayant depuis longtemps vidé les arsenaux ;
Puis on prit les bassins rougis sur les fourneaux,
Où ne bouillonnaient plus ni l'huile ni le soufre,
Pour les précipiter dans l'effroyable gouffre
Qu'emplissait la clameur sans fin de l'ennemi.
Mais, vains efforts ! — Bientôt, le visage blêmi,
L'âme par une angoisse étrange terrassée,

Les derniers défenseurs de la ville forcée,
N'écoutant plus leurs chefs et maudissant leurs dieux,
Lâchèrent pied avec la terreur dans les yeux !
Ils s'enfuyaient, pliés comme au vent d'est les saules ;
Le souffle des vainqueurs leur brûlait les épaules.
Alors, dans les maisons, pleines de cris aigus,
Commença le massacre infâme des vaincus.

Tandis qu'extravasé sous les arceaux des porches,
Le sang noir reflétait l'éclair ardent des torches ;
Tandis que, franchissant les morts des carrefours,
Les tueurs enivrés, à toute plainte sourds,
Se sentaient mordre aux pieds par des bouches sanglantes ;
Tandis que l'incendie, aux flammes d'abord lentes,
Vomissait sa fumée en épais tourbillons
Qui se teignaient bientôt de sombres vermillons,
Le pillage ajoutait au massacre sa tache.

Un soldat gigantesque à la longue moustache,
Sorte de bête fauve au front bas, au poil roux,
Faisait sauter avec son glaive les verroux
De la porte de buis d'une demeure close
Où pendaient les rameaux brisés d'un laurier-rose.
La porte étant tombée, il franchit, rugissant,
Le seuil calme où soudain vient dégoutter le sang
Dont était tout rougi l'arbuste aux feuilles vertes.

Il pénétra d'un bond dans les salles désertes,
L'air ébloui. — Puis comme il choisissait, les yeux
Allant des vases d'or aux meubles précieux,
De quel butin charger son épaule et sa hanche,
Le pillard, frissonnant, vit une forme blanche

S'enfuir, penchée avec la grâce d'un roseau,
En faisant le doux bruit des ailes d'un oiseau
Dans le vaste palais plein d'ombre et de silence.

Pâle comme un beau lis que la brise balance,
Ce n'était qu'une femme, une vierge, une enfant.

Le soldat éclata d'un rire triomphant,
Et, pareil au chasseur qui surprend une proie,
Ouvrit ses larges mains frémissantes de joie.
« — Grâce ! » cria l'enfant qui tomba sur les dalles ;
Ses cheveux parfumés inondaient les sandales
Du monstrueux pillard haletant et muet,
Qu'un désir effréné tout à coup secouait.
Il se pencha vers elle et l'enleva de terre.
«— Pitié ! » murmura-t-elle. « Oh ! par ta mère austère,
Par ta fille ou ta sœur, pitié ! »

                    « — Te tairas-tu ! »
Grommela le soldat. « Vois, ce glaive est pointu.
Prends garde ! la colère armée a la main prompte ! »
— « Je ne crains pas la mort ! Je ne crains que la honte. »
Dit-elle éperdûment.

                Le soldat ricana,
Et, broyant ses poignets fragiles, l'entraîna,
Bien qu'elle se tordît en proie à l'épouvante.
— « Pas de grâce », dit-il. « Tu seras ma servante.
Tu m'appartiens ! — Allons, tais-toi ! c'est mon dessein !
Tu suivras notre armée, et, le soir, sur ton sein
Tu berceras le front de ton maître. Je t'aime ! »

Son bras inexorable étreignait l'enfant blême.

Alors, elle lui dit : « Guerrier, écoute-moi.
Si tu veux m'épargner, je puis faire de toi
L'égal des dieux, vainqueurs de la chair misérable.
Je possède un secret qui rend invulnérable !
C'est pourquoi je t'ai dit que je ne craignais pas
La mort. — Celui-là rit au milieu des combats
Qui le sait, fût-il même atteint à la cervelle ;
Sois généreux, soldat, et je te le révèle,
Ce secret ! » —

           Le soldat la regarda, surpris.
La proposition, certes, avait son prix ;
Un tel secret valait mieux qu'un baiser de femme !

Donc, il la regardait d'un œil perdant sa flamme,
Songeur, se rappelant les maux jadis soufferts ;
Sa poitrine et ses bras noueux étaient couverts,
Prêtes à se rouvrir, de profondes entailles :
Le moyen de sortir des plus rudes batailles,
Intact, lui paraissait un présent merveilleux.

Il songeait, et l'enfant fixait sur lui des yeux
Dilatés par l'effroi.

           Le pillard, morne et sombre,
Rêva pendant longtemps ; et des exploits sans nombre,
Accomplis désormais sans risques, — s'il pouvait
Se rendre invulnérable, — étaient ce qu'il rêvait.

— « Jeune fille ! dit-il à la fin, qui m'assure
Que ton fameux secret rend vaine une blessure !
Non, je ne te crois pas ! Je suis trop bon vraiment
De t'écouter encor, et je vois clairement
Que tu veux m'échapper à l'aide d'une ruse ? »

« — Quoi ! tu doutes, soldat ? Tu crois que je t'abuse ?
Eh bien ! tente sur moi l'épreuve du secret ?
Va, si ton bras est fort et si ton glaive est prêt !
Un coup au cœur suffit pour que la vie en sorte.
Frappe ! »

     L'homme frappa. — La vierge tomba morte.

Fin.

UNE PLUIE DE BAISERS

Comédie en un acte

Par M. Alfred SÉGUIN.

PERSONNAGES

ANATOLE DUBUISSON.
AMÉLIE DE GRISELLE, veuve, 22 ans.
JULIETTE, sa nièce, 19 ans.

De nos jours.

UNE PLUIE DE BAISERS

Le théâtre représente un salon. Porte d'entrée au fond. Portes latérales garnies de portières tombantes. Une chaise à gauche sur laquelle un ouvrage de broderie en œuvre ; un fauteuil à droite, près d'une table où se trouve de quoi peindre à l'aquarelle.

SCÈNE PREMIÈRE.

JULIETTE, AMÉLIE.

AMÉLIE, entrant par la droite, à Juliette qui arrive du fond.

Eh bien ? que nous apporte le second courrier d'aujourd'hui ?

JULIETTE

Oh ! presque rien... deux cartes sous une seule enveloppe à notre adresse collective. Donc, une pour vous, ma tante, et l'autre pour moi...

AMÉLIE, recevant la carte et lisant.

« Anatole Dubuisson »... Comment ! ce n'est pas assez de ses visites quasi quotidiennes, il faut encore que des morceaux de carton le remplacent ?... Décidément, Juliette, notre voisin de campagne commence à m'ennuyer.

JULIETTE

Ma tante, à qui le dites-vous?... mais franchement, n'autorisez-vous pas un peu les assiduités de M. Dubuisson?

AMÉLIE

Moi? par exemple!... C'est plutôt à ma chère nièce que reviendrait ce reproche.

JULIETTE

Non, non... (*Avec malice.*), j'ai des yeux!

AMÉLIE

Et moi des oreilles! Si j'ai bien reçu M. Anatole.... car nous ne craignons pas de le nommer ainsi familièrement... tu ne l'as pas trop mal accueilli non plus.

JULIETTE

Moi?

AMÉLIE

D'ailleurs, tu connais mes engagements envers un prétendant qui, certes, vaut notre voisin... Pauvre César! ne m'aimait-il pas longtemps avant mon mariage?

JULIETTE

Oh! oh! chère tante, permettez-moi de vous dire que je n'ai jamais pris au sérieux votre affection pour ce jeune officier... A preuve, un singulier langage, que j'entends encore : « La veuve d'un magistrat ne saurait épouser moins qu'un capitaine. » Or, il y a deux ans que le « pauvre César » est parti pour l'Afrique. Vous l'avez oublié ; et il y aurait folie de son côté à nourrir l'espoir de jamais devenir...

AMÉLIE, souriant.

Capitaine ?

JULIETTE

Non, mais le mari d'une femme capable de cette réponse dérisoire... que vous n'auriez pas faite à M. Anatole.

AMÉLIE

Tu crois ?

JULIETTE

J'en juge par la joie qui éclatait ce matin sur votre visage, à la réception d'une lettre que vous remit directement le facteur.

AMÉLIE

Tu la supposes de notre voisin, qui nous aurait ensuite envoyé ses cartes ? Pourquoi ?

JULIETTE

Eh, le sais-je ? Serait-ce la première fois que trop de précaution friserait la maladresse ?

AMÉLIE

La supposition, ma chère nièce, est au moins téméraire, car enfin, depuis que M. Anatole *nous* accable de visites, *nous* comble de politesses, *nous* abreuve d'attentions et de petits soins, rien dans sa conduite ne révèle une préférence.

JULIETTE

Ça, je l'avoue ; il semble avoir pris à tâche de ne se
prononcer... ouvertement du moins... pour personne.

AMÉLIE

Reste à savoir laquelle de nous est la plus sensible à
tant d'assiduités.

JULIETTE

Encore une fois, ce n'est chez moi l'objet d'aucun
doute.

AMÉLIE

Entêtée !... Eh bien, pour te montrer que je ne tiens
pas plus à notre voisin que tu ne prétends y tenir toi-
même, s'il se présente aujourd'hui...

JULIETTE

Malgré ses cartes ?

AMÉLIE

Cela s'est déjà vu... le vilain temps nous confine parfois au logis ; or, M. Anatole use largement des préro-
gatives dues à notre haine de la solitude.

JULIETTE, avec ironie.

Et les nuages s'amoncellent ! Supposons donc sa pro-
chaine arrivée, eh bien ?

AMÉLIE

Après un accueil glacial, sous un mauvais prétexte,
abandonnons-lui la place. Il comprendra, j'espère, l'im-
portunité de sa présence.

JULIETTE

Ne sera-ce point une grande impolitesse, fort peu méritée ?

AMÉLIE

Oh ! Si tu as des scrupules...

JULIETTE

Non, non... mais... ne vous réservez-vous pas, en agissant ainsi, de vifs regrets ?

AMÉLIE

Prends garde ! je vais croire que toi-même les redoutes ?

JULIETTE

N'en faites rien ! je m'éloigne pour que le malheureux commence par trouver le salon vide.

(*Elle sort à gauche.*)

SCÈNE DEUXIÈME

AMÉLIE, seule.

Ah ! mademoiselle ma nièce, vous vous habituez à refuser tous les épouseurs qui se présentent !... craignez de rester fille !... heureusement, je n'ai pas accepté à la légère auprès de vous la mission de remplacer de mon mieux la sollicitude maternelle... M. Anatole Dubuisson paraît avoir les qualités requises pour constituer un mari modèle... occasion trop rare pour qu'on la néglige !... une remarque encourage mon dessein de vous unir : vous parlez et agissez comme une jalouse.. Est-ce de l'amour ? est-ce de l'amour-propre ? Intéressant problème à résoudre. — Comment y parviendrai-je ? En affectant une passion secrète pour le beau monsieur qui, de la sorte, aura de plus à vos yeux la valeur d'un fruit presque défendu. Le monde est plein de semblables caractères ! Continuons donc cette comédie en face et même loin de Juliette, vrai moyen de ne point oublier mon rôle.

(Elle sort à droite.)

SCÈNE TROISIÈME

ANATOLE, en dehors.

Bien ! bien ! je sais où trouver.. (*Il entre du fond, chargé d'un volume et d'une partition ; il va droit à la place où il suppose par habitude rencontrer Amélie et présentant le volume.*) Madame, je vous apporte... (*Surpris de ne pas la voir.*) Ah ! (*Se retournant vers la gauche avec le rouleau de musique.*) Mademoiselle, je... Personne ? Tant mieux, au fait. (*Il va poser le volume et la partition sur la cheminée et redescendant.*) Je ne suis pas fâché de me recueillir... mes idées se troublent quelquefois ; à preuve, un envoi de cartes bien inutile... Cependant, quoi de plus limpide que la source de ces mêmes idées !... A trente ans (je vais les avoir), le célibat n'est plus l'indépendance, mais l'isolement ; aussi, me suis-je promis, juré ! d'être en ménage avant les grandes gelées.. et je le serai ! car je frémis à la pensée d'être obligé plus tard de concentrer les richesses de mon âme sur un caniche, une petite chatte ou un chardonneret !

C'est pourquoi je veux m'assurer une compagne douée des qualités symbolisées par les bipèdes et quadrupèdes susnommés ; c'est-à-dire les attraits physiques par le chardonneret, la fidélité par le caniche, l'amour par la petite chatte ! Comme raisonnement, ça va bien ; la pratique laisse plus à désirer. (*Désignant la chaise à sa droite, le fauteuil à sa gauche.*) Je m'embrouille, je me bifurque entre cette chaise et ce fauteuil. Mademoiselle Juliette me séduit, Madame de Griselle me charme. Je brûle pour la nièce et me consume pour la tante. Là, une innocence pleine de grâces ; ici, une expérience pleine d'attraits... et alors... voilà ! (*S'animant et changeant de place.*) Eh bien, non ! je ne prolongerai pas cette indécision stupide ! Si la chaise et le fauteuil... non, si ces dames ont produit sur moi des impressions qui se balancent, prenons le hasard pour arbitre... Oui ! la première qui va se montrer deviendra l'objet d'une demande immédiate... Je respire !... Ça fait du bien d'avoir pris une résolution !... (*Il voit les deux portières latérales s'ouvrir en même temps.*) Oh ! je ne puis pourtant pas les épouser toutes les deux !

SCÈNE QUATRIÈME

JULIETTE, ANATOLE, AMÉLIE.

ANATOLE, saluant.

Madame... Mademoiselle... (*Lorsque ces dames, après un salut cérémonieux, se sont assises, à part.*) Révérences frappées à l'usage des jours de froideur et de bouderie ! (*Haut.*) Ces dames ne m'attendaient pas... moi-même je n'étais pas sûr.. oserai-je m'informer de l'état de vos précieuses santés ?

AMÉLIE, qui est à droite, à part.

Nos santés !

JULIETTE, à part, à gauche.

Les compliments se font en bloc, maintenant !

ANATOLE, étonné de leur silence.

Je demandais...

AMÉLIE et JULIETTE.

Nous nous portons à merveille.

ANATOLE, à part.

Ensemble admirable ! (*Voyant Amélie occupée à peindre, face au public et Juliette installée à broder; à part.*) La conversation languit !... (*Haut.*) J'ai fait, Mesdames, le voyage de Paris à votre intention. (*Reprenant sur la cheminée le volume et le rouleau. A Amélie.*) Voici le roman nouveau que vous avez paru désirer... (*A Juliette.*) Voilà le morceau de musique dont vous aviez fort envie... (*Il sort de ses poches les objets suivants qu'il offre, en disant à Amélie.*) des fondants de Siraudin. (*A Juliette.*) Des chocolats de chez Marquis. (*A Amélie.*) Enfin, le Figaro... (*A Juliette.*) et le Petit Journal.

AMÉLIE, à part.

Pas un indice de préférence !

JULIETTE, à part.

Impossible de deviner ! c'est insupportable !

ANATOLE, à part.

Et toujours pas un mot ? Diable ! diable ! diable ! (*Il prend un pouf et s'assied entre elles ; haut.*) Mesdames, il faudrait être aveugle pour ne pas voir avec quelle froideur vous accueillez votre plus dévoué serviteur... ces bouches charmantes restent closes, ce qui n'est pas dans leurs habitudes !... Cela dénonce une disgrâce !... En quoi puis-je vous avoir offensées ?

AMÉLIE, avec une douceur involontaire.

Oh ! offensées !

JULIETTE, de même.

Offensées ? Oh !

AMÉLIE, reprenant l'accent ironique.

Vous si aimable avec *nous* ?

JULIETTE, de même.

Si complaisant pour *nous* ?

AMÉLIE

Esclave de *nos* caprices ?

JULIETTE

Toujours soumis à *nos* moindres fantaisies ?

AMÉLIE

Croyez, au contraire, à *notre* amitié !

JULIETTE

A *notre* reconnaissance !

ANATOLE

Oh ! oh ! oh ! mesdames, vous me comblez ! Je n'ai

qu'un but : vous être agréable. Ordonnez ! Commandez ! que ferons-nous pour vous distraire ? un peu de musique ?

AMÉLIE

Oh ! non !

JULIETTE

Pas de musique !

ANATOLE

Alors, une lecture ?

AMÉLIE et JULIETTE

Oui ! c'est cela !

ANATOLE

Que vous lirai-je ?

AMÉLIE, à part.

Essayons d'une épreuve ! (*Haut.*) Le Figaro.

JULIETTE, à part.

Tendons lui un piège ! (*Haut.*) Le Petit Journal.

ANATOLE, surpris et perplexe.

Hein ?

AMÉLIE

Je demande le Figaro.

JULIETTE

Moi, le Petit Journal.

ANATOLE, à part, un journal dans chaque main.

Ciel ! Que devenir ? l'équilibre m'échappe !

AMÉLIE et JULIETTE, *également moqueuses.*

Eh bien ?

ANATOLE, *à part.*

Non ! Je ne tomberai pas ! (*Haut.*) Écoutez donc. (*Il lit.*) « Prime du Petit Journal. »

AMÉLIE et JULIETTE, *à part, avec surprise.*

Ah !

ANATOLE, *lisant l'autre feuille.*

« Prime du Figaro. »

AMÉLIE et JULIETTE, *encore surprises.*

Ah !

ANATOLE, *à part.*

Sauvé ! mon Dieu ! (*Haut, lisant alternativement une portion de phrase dans chaque journal.*) « Grâce à un arrangement nouveau »... « Toute personne qui s'abonnera.. »... « A partir du premier du mois.. »... « pour un trimestre »...

AMÉLIE et JULIETTE.

Assez ! assez !

AMÉLIE, *à part.*

Il ne se décidera pas !

JULIETTE, *à part.*

C'est une conspiration !

ANATOLE, *repliant les journaux.*

J'obéis avec un empressement exemplaire. (*Étonné d'un nouveau silence, il se lève, range le pouf à sa place et s'approche de Juliette.*) En vérité, vous accomplissez des merveilles !... (*Approchant d'Amélie.*) Quel ravissant paysage ! (*Au milieu.*) Mesdames, je vous admire ! (*A Amélie.*) L'une, brodant avec des pinceaux... (*A Juliette.*) l'autre, peignant avec des aiguilles !

AMÉLIE, à mi-voix et coquettement.

Vous trouvez ?

ANATOLE, venant se pencher derrière Amélie.

Ici, comme là-bas, des fleurs à exciter la jalousie du printemps !

AMÉLIE, minaudant.

Vous êtes vraiment d'une galanterie !...

ANATOLE, avec une certaine tendresse.

N'ai-je pas à rentrer en grâce ?

JULIETTE, vexée, à part.

Voilà ma tante qui l'accapare.

AMÉLIE, toujours comme en confidence.

Vous savez bien que je ne puis vous en vouloir.

ANATOLE, oubliant sincèrement son double jeu, à part.

Quels yeux ! quels regards ! (*Haut, avec élan.*) Ah ! madame !

JULIETTE, à part, agitée.

Oh !

ANATOLE, à part.

C'est elle que j'aime ! (*Il baise la main que lui tend Amélie.*)

JULIETTE, à part, exaspérée.

Ah ! c'est ainsi. (*Jetant un cri comme blessée au doigt.*) Ah !

ANATOLE, approchant d'elle.

Qu'avez-vous ?

JULIETTE

Mon aiguille qui m'a piquée.

AMÉLIE, à part.

L'aiguille... ou autre chose.

ANATOLE, saisissant les doigts de Juliette.

Pauvre demoiselle ! que vous devez souffrir !

JULIETTE, d'un ton dolent.

Oh ! oui ! allez ! Cela me fait un mal !...

ANATOLE, examinant, retournant.

Mais je ne vois aucune trace...

AMÉLIE, à part.

Je disais bien : la blessure est interne !

JULIETTE, toujours douillette.

Oh ! monsieur, prenez garde !

ANATOLE

Rien, toujours,.. si ce n'est une main... ravissante !

JULIETTE, même jeu coquet que précédemment sa tante.

Vous êtes en vérité trop bon de vous occuper ainsi de moi.

ANATOLE, *oubliant de nouveau son double rôle.*

Trop bon ? Vous voulez dire trop heureux !

AMÉLIE, *à part.*

Il déserte !

ANATOLE, *très empressé.*

Vous cherchez ?...

JULIETTE, *qui a visiblement, pour le public, laissé tomber exprès son aiguille.*

Mon aiguille...

ANATOLE, *cherchant vite.*

Je l'aperçois...

AMÉLIE, *à part.*

Inclinerait-il sérieusement de ce côté ?

JULIETTE, *à part.*

Ma tante enrage !

ANATOLE, *à Juliette.*

Voilà votre aiguille...

JULIETTE, *avec une tendre gratitude.*

Merci, monsieur Anatole.

ANATOLE, *à part.*

Quelle voix ! quels accents ! (*Avec élan.*) Ah ! mademoiselle !

AMÉLIE, *à part, se disposant à quitter son ouvrage.*

Ne laissons échapper aucun moyen de savoir...

ANATOLE, à part.

Décidément, c'est elle que j'adore! (*Voyant Amélie qui est venue se placer en face de lui.*) Sapristi! diable! est-ce que je me trouverais entre deux feux? (*Il remonte.*)

AMÉLIE, à sa nièce.

C'est ainsi que tu pratiques nos conventions?

JULIETTE

Mais... il me semble que vous-même?...

AMÉLIE

Tu as fait la coquette.

JULIETTE

Pas plus que vous, assurément.

ANATOLE, à part, vers la droite.

Que peuvent-elles avoir à se dire?

AMÉLIE, qui parlait bas à Juliette.

Enfin, si je m'éloigne?...

JULIETTE

Je m'empresserai d'en faire autant.

ANATOLE, à part.

Ignorant qui je préfère, tâchons de savoir si une d'elles est secrètement flattée de mes hommages...

AMÉLIE, qui a encore causé bas avec Juliette, lui dit.

Alors, c'est entendu; je commence...

ANATOLE, qui est descendu à droite.

Madame...

AMÉLIE, jouant les souffrances d'une migraine.

Ah !

ANATOLE

Qu'avez-vous ?

AMÉLIE

Pardonnez-moi, mon cher voisin... une migraine affreuse... Quel supplice ! quelle torture !...

ANATOLE, sincèrement ému.

Pauvre dame ! cela va peut-être se passer ?

AMÉLIE

Oh ! quand je suis prise, il faut compter sur huit
jours... Permettez que je me retire.

(Elle sort à droite.)

SCÈNE CINQUIÈME

ANATOLE, JULIETTE.

ANATOLE, à part, déconcerté.

Hum ! voilà une migraine bien prompte et bien singulière !

JULIETTE, à part.

A mon tour ; mais comment ?

ANATOLE, à part.

La tante me fuit, la nièce me reste... (*Haut.*) Mademoiselle...

JULIETTE, lui tournant le dos et à part.

Quel moyen?... quel moyen ?... (*Ayant trouvé.*) Ah !

ANATOLE, à part.

Diable ! encore une migraine ?

JULIETTE

Mes oiseaux n'ont pas eu à manger depuis hier matin... excusez-moi, monsieur, n'est-ce pas ?... (*Gagnant la porte, à gauche.*) Pauvres petites bêtes ! Si elles allaient mourir ! je serais vraiment désolée !

ANATOLE

Croyez, mademoiselle...

JULIETTE, sortant sans l'écouter.

Pauvres petites bêtes !... pauvres petites bêtes !

SCÈNE SIXIÈME

ANATOLE, seul, vivement contrarié.

Oh ! les oiseaux, la migraine... la migraine, les oiseaux ... J'arrive, ces dames boudent... puis, les voilà charmantes... puis, ne les voilà plus du tout !... Que me reste-t-il à faire ?... A m'en aller... Eh bien, non ! je ne m'en irai pas... Je suis d'une exaspération !... (*Il s'assied; un journal se trouve sous ses yeux; il le prend et lit.*) « Faits divers. » Tiens, ça va me calmer... « Un bon bourgeois du Marais, flanqué de ses deux femmes... » Hein ?... Non... « de ses deux filles... » Je vois trouble !... « Flanqué de ses deux filles, se rendait de Paris à Nanterre. Il avait pour vis-à-vis, dans le wagon, des canotiers de la plus joyeuse humeur. Tout à coup, en passant sous le tunnel des Batignolles, un bruit de baisers fit tressaillir les oreilles du papa. Dès qu'on fut sorti de l'obscurité, le regard accusateur du bonhomme allait et venait des canotiers à ses filles. Les joues de ces dernières étaient rouges comme des pivoines. Quant aux canotiers, à peine réunis à leurs camarades, ils s'empressent de raconter... » (*Ayant achevé de lire bas, il éclate de rire.*) Ah ! ah ! (*Tout à coup, sérieusement.*) Oh ! oh ! mais oui ! (*Il se lève.*) Pourquoi pas ?... cette idée est une trouvaille !... Si j'osais ?... C'est hardi... Ah ! baste !... Voici la tante ! J'oserai !... (*Il envoie des baisers vers l'appartement de Juliette.*) Adorable ! divine ! ô espoir ! ô amour !

SCÈNE SEPTIÈME

ANATOLE, AMÉLIE.

AMÉLIE, entrant de droite, à part.

Qu'est-ce que cela veut dire ?

ANATOLE, se retournant, et avec une surprise feinte.

O ciel !... Madame...

AMÉLIE

Encore ici, monsieur ?

ANATOLE, jouant un grand embarras.

Oui, madame... oui... je... j'étais là... sans doute.

AMÉLIE

Oh ! ce n'est pas un reproche... seulement, je m'étonne que vous soyez resté si longtemps... seul.

ANATOLE, vivement.

Oui ! oui !... j'étais seul, madame !

AMÉLIE, insistant.

Tout seul ?

ANATOLE

Tout seul ! tout seul ! tout seul !

AMÉLIE

Je pense, en effet, que ma nièce n'aurait pas oublié les convenances.

ANATOLE, toujours avec l'intention de faire croire ce qu'il nie.

Oh ! certainement... et je serais au désespoir, si vous pouviez supposer...

AMÉLIE

Ainsi, Juliette vous quitta tout de suite après mon départ ?

ANATOLE, vite et presque bredouillant.

Oui ! oui ! oui !... tout de suite ! tout de suite ! tout de suite !...

AMÉLIE, à part.

Quelle agitation singulière ! (*Haut.*) Alors, monsieur,

puisque ma nièce était sortie (*Imitant un peu Anatole.*) « tout de suite ! tout de suite ! tout de suite ! » et que vous demeuriez « tout seul ! tout seul ! tout seul ! » quelle raison vous retint ici, je vous prie ?

ANATOLE, embarrassé.

Quelle raison ? (*A part.*) De l'audace ! de l'audace !

AMÉLIE

Eh bien ?

ANATOLE, cherchant un peu ses mots.

Madame... il est des endroits chers à notre cœur par ce qu'il y éprouva... une de ces joies immenses, inespérées, qui nous ravissent, nous transportent... On ne peut s'en arracher... on y voudrait vivre et mourir !

AMÉLIE

De quelle joie voulez-vous parler ?

ANATOLE

Qu'ai-je dit ?... Madame, au nom du ciel ! ne m'interrogez pas !

AMÉLIE

Cependant, monsieur...

ANATOLE, vivement.

N'abusez pas de mon émotion... car, vous le voyez, madame, je suis ému... ce n'est qu'en tremblant que j'ose vous parler... Je suis coupable, oh ! bien coupable envers vous !

AMÉLIE, surprise.

Envers moi ?

ANATOLE, après avoir regardé la pendule.

Tout en gardant le secret de ma joie, je puis vous faire un aveu, implorer votre pardon.

AMÉLIE

Mon pardon ?

ANATOLE

Oui, madame... (*Regardant encore la pendule.*) Vous allez bien ?

AMÉLIE

Quoi ! vous dites ?

ANATOLE

Je dis : Vous allez bien ?

AMÉLIE

Oh ! non... ma migraine, cette affreuse migraine...

ANATOLE, ironiquement, à part.

Qui peut durer huit jours ! (*Haut.*) Mais, pardon, je parlais de la pendule.

AMÉLIE

De la pendule ! Que signifie...

ANATOLE

Rien ! rien ! ne faites pas attention.

AMÉLIE

Enfin, monsieur, cet aveu ?

ANATOLE

Ah ! cet aveu... madame, je suis dans un grand em-

barras... je voudrais... sans blesser votre amour-propre...
et c'est difficile !

AMÉLIE

Vraiment ?

ANATOLE

Lorsque longtemps vous aviez pu croire... et puis,
tout à coup... mais aussi, en conscience, n'êtes-vous pas
un peu coupable ?

AMÉLIE

Moi ! de quelle façon ?

ANATOLE

Si mon cœur s'est bifurqué... car il s'est bifurqué, mon
cœur... Oui, madame !... c'est qu'il a compris qu'il faisait fausse route. (*Il regarde la pendule, n'osant regarder sa montre, vers laquelle il réprime un geste involontaire.*)

AMÉLIE

Qu'a-t-il donc à regarder la pendule ?

ANATOLE

Eh bien ! madame, si ce cœur, un instant égaré,
passe des tourments du désespoir à l'enivrement de l'espérance, parce qu'il se sent compris, enfin, de quelqu'un ; aurez-vous le droit de lui en vouloir ?

AMÉLIE

Monsieur, ce que j'entends est une énigme pour moi.

ANATOLE, interrogeant encore la pendule, ce qui n'échappe jamais
à Amélie.

Je ne puis pourtant vous en dire davantage, madame.

(*A part.*) Et l'aiguille marche, marche toujours ! (*Haut.*) Madame, il vous tarde, j'en suis sûr, de rentrer dans votre appartement... la solitude et le silence guérissent quelquefois certaines indispositions de ce genre... Permettez-moi de me retirer, en vous souhaitant un meilleur lendemain.

AMÉLIE

Je vais vous conduire jusqu'à la grille.

ANATOLE, avec une sorte d'effroi.

Non ! non ! ne vous dérangez pas, madame. Je vous en supplie, ne vous dérangez pas !

AMÉLIE, à part.

Je devine.

ANATOLE, après être à demi remonté, s'arrêtant.

Madame...

AMÉLIE

Monsieur ?

ANATOLE, avec une inquiétude feinte.

Vous... demeurez dans ce salon ?

AMÉLIE, à part.

C'est bien cela !... (*Haut.*) Non, je rentre chez moi.

ANATOLE, satisfait et respirant.

Ah !... (*Saluant.*) Madame...

AMÉLIE, avec une froide salutation.

Monsieur...

ANATOLE, à part.

Cette majesté froide la rend plus belle que jamais ! (*Il sort, en affectant de regarder encore la pendule.*)

AMÉLIE, seule.

Oh ! je veillerai !

(*Elle rentre à droite.*)

SCÈNE HUITIÈME

ANATOLE, puis JULIETTE.

ANATOLE, qui a guetté le départ d'Amélie et qui rentre aussitôt avec précaution.

Ça marche ! ça marche !... vienne à présent la nièce et mon œuvre est achevée.

JULIETTE, paraissant doucement, à gauche.

Il me semble avoir entendu parler ?

ANATOLE, à part.

La voilà ! (*Il adresse des baisers du côté de l'appartement d'Amélie.*) Adorable ! divine !.. ô espoir ! ô amour !

JULIETTE

Qu'est-ce que je vois ?

ANATOLE, se retournant pour jouer la même comédie qu'avec Madame de Griselle.

O ciel ! Juliette ! Mademoiselle !

JULIETTE

Qu'avez-vous ?

ANATOLE, à genoux devant elle.

Juliette !

JULIETTE

Monsieur !

ANATOLE

Dites-moi que vous ne m'aimez pas.

JULIETTE

Hein ?

ANATOLE

Dites-le ! répétez-le ! car, si vous m'aimiez !... je ne m'en consolerais jamais !

JULIETTE

Comment, Monsieur ! mais, d'abord, abandonnez cette posture.

ANATOLE, se relevant.

Soit ! mais quand je pense que j'ai pu vous parler d'amour, jeter le trouble dans votre jeune âme.. pardonnez-moi, Juliette, pardonnez-moi ! je n'avais pas su lire dans mon cœur.

JULIETTE

En vérité, ce langage...

ANATOLE

Vous ne m'aimez pas. Je me livrerai donc sans remords à l'affection d'une autre femme ; cependant, cette assurance ne vient pas encore de votre bouche et il me la faut... Dites-moi bien, Juliette, que vous ne m'aimez pas !

JULIETTE, à part.

Quelle horreur !

ANATOLE

Ciel ! Quatre heures ! pardonnez à une agitation involontaire.. ma tête s'égare.. le bonheur me rend fou... et l'aiguille marche, marche toujours ! Juliette ! retirez-vous, je vous en prie !

JULIETTE, stupéfaite.

Comment ! que je...

ANATOLE

Je vous le demande comme une grâce ! Ne restez pas ici !

JULIETTE, à part.

Que va-t-il donc se passer ? J'ai peur de deviner !

ANATOLE, à part, l'examinant.

Elle s'impressionne plus vivement que la tante.

JULIETTE

Je m'en vais, Monsieur, je m'en vais... (*En sortant très animée, à gauche.*) Oh ! le misérable !

SCÈNE NEUVIÈME

ANATOLE, seul.

Elle s'en va furieuse. La colère lui sied à ravir !... (*Bruit de porcelaines brisées.*) A merveille ! la situation se corse !... et le moment décisif approche. (*Un léger temps s'écoule.*) Quel silence ! est-il bien naturel ? Non ! non ! filles d'Ève, la curiosité, à défaut de jalousie, aura le pouvoir de vous attirer. (*Il prête une oreille attentive; puis, à mi-voix, désignant les deux tentures latérales que l'on voit presque insensiblement agitées.*) Que disais-je ?. elles sont là !... Cupidon ! Dieu des amours ! protège-moi !

SCÈNE DIXIÈME

JULIETTE, ANATOLE, AMÉLIE.

AMÉLIE, qui, la portière soulevée, est seulement visible du public et n'ose pas se risquer davantage.

Écoutons ce qui va se passer entre ce jeune homme et Juliette.

JULIETTE, même jeu.

Ne perdons pas un mot échangé entre M. Anatole et ma tante !

ANATOLE, au milieu du théâtre.

(*Après être allé constater au fond que personne ne viendra troubler la réalisation de ce qui suit. Dialogue entre sa voix naturelle et une voix de femme très émue, imitation qu'il faut rendre comique.*) — De grâce, ne tremblez pas ainsi ! — Dieu ! si l'on nous surprenait ! je serais perdue ! — Soyez sans peur comme je resterai sans reproche. — Monsieur Anatole ! — Il est donc vrai ? tant de cruelle indifférence ne fut qu'une adorable comédie ! une ruse pour assurer notre bonheur ?

JULIETTE, *indignée.*

Oh !

AMÉLIE, *de même.*

Par exemple !

ANATOLE, *continuant.*

(Encouragé par le frissonnement des portières sous deux mains convulsives.) — Oui, M. Anatole ! — Vous m'aimez autant que je vous aime? Oh ! n'hésitez plus devant un aveu si tendre. — Oui, cher Anatole. — O ange ! à toi mon cœur ! A toi ma vie ! *(Il applique sur sa main trois baisers ardents.)*

JULIETTE

Quelle horreur !

AMÉLIE, *presque en même temps.*

Quelle indignité !

(Aussitôt, chacune, paraissant tout à fait, se dresse comme foudroyante en face de l'autre. Mais, comme chacune aussi tient toujours l'étoffe, elles peuvent supposer une retraite habile exécutée à la moindre alerte ; ainsi s'expliquent les sincères paroles suivantes.)

JULIETTE

Oh ! ma tante, vous avez beau vouloir me donner le change !

AMÉLIE

Et toi, ma nièce, affecter l'air innocent d'une personne qui arriverait à l'instant même ! *(Avançant la première.)* Fi ! Mademoiselle ! que c'est vilain !

JULIETTE, *avançant à son tour.*

Comment ?

AMÉLIE

Accepter un rendez-vous est la chose du monde la plus imprudente, par conséquent la plus répréhensible !

JULIETTE

C'est moi que vous accusez ? Quand je vous surprends avec Monsieur ?

AMÉLIE

Quelle audace ! Vous prétendez que l'héroïne de cette belle rencontre était moi ?

JULIETTE, *ironique.*

Et qui donc ?

AMÉLIE, *dominant un accès de colère.*

Ah ! tenez! Mademoiselle, cessons un débat ridicule... Quant à vous, Monsieur, je croyais n'avoir jamais à vous le dire : un galant homme, un honnête prétendant a des procédés d'une autre sorte et je vous retire absolument mon estime.

ANATOLE

Je demande la parole.

JULIETTE

Pourquoi rechercher l'occasion de nouvelles perfidies ? Allez ! je sais suffisamment à quoi m'en tenir.

AMÉLIE, *sévèrement et de bonne foi.*

Mademoiselle, dispensez-vous de stratagèmes dont je ne saurais plus être dupe.

JULIETTE

J'ai plus le droit que vous de m'indigner et j'en use.

ANATOLE

Mesdames, écoutez ma défense !

AMÉLIE

N'ajoutez pas, je vous prie, à des torts déjà considérables. Ce serait dépasser les dernières limites.

ANATOLE

Sapristi de sapristi! mais ça ne fait pas mon compte ! Je préparais une victoire et l'on m'imposerait une défaite ? Je la regretterais toute ma vie !

AMÉLIE

Partez, monsieur ; partez donc !

JULIETTE

Oui, partez... mais auparavant, apprenez ce que vous perdez... (*On se place pour l'écouter ; elle ajoute, avec douleur.*) Vous parliez de regrets ; ayez en d'éternels... je vous aimais.

ANATOLE

Ai-je bien entendu ?

AMÉLIE, à part.

On me croit encore bien naïve !

JULIETTE, très sincère.

Oui, monsieur, je serais devenue avec bonheur votre femme. Je vous aurais choyé, dorloté... j'aurais eu soin de votre maison. Je vous aurais fait manger de bonnes choses, parce que je sais que vous êtes gourmand... j'aurais tenu chaudement votre appartement, parce que je n'ignore pas que vous êtes frileux... J'avais commencé des pantoufles... — Mon Dieu, que j'étais sotte! — parce que je vous aimais... Eh bien! monsieur, je ne vous aime plus! je ne vous aime plus! je ne vous aime plus !

ANATOLE

Juliette! chère Juliette!

JULIETTE

Laissez-moi, monsieur ! laissez-moi ! je vous déteste!

ANATOLE

Et vous le dites avec des larmes dans la voix ?

AMÉLIE, à part.

Tout cela pour moi n'est pas assez clair. (*Haut.*) Il m'a plu d'écouter une déclaration charmante, mais, en vérité, fort inutile... à moins qu'elle eût pour intention de corriger la scène mystérieuse que je blâmais tout à l'heure ?

JULIETTE

Oh! ma tante ! Renoncez à une mauvaise plaisanterie. Vous savez bien que c'était vous et voilà ce que je ne pardonnerai jamais à Monsieur !

AMÉLIE, avec les accents d'une vive contrariété.

Ma chère nièce, tu me contrains à une mesure extrême, car il faut sortir de ce labyrinthe. (*A Anatole.*) Monsieur, je vous prie, au besoin, je vous somme de déclarer la vérité.

ANATOLE

La voici ; j'adore mademoiselle, qui ne restera pas impitoyable.. et j'ai l'honneur de vous demander sa main.

AMÉLIE, avec joie.

Enfin ! je vous l'accorde et de grand cœur ! je réussis donc à faire ce mariage !

JULIETTE

Comment ! vous ! ma rivale !

AMÉLIE

Une fausse rivale, chère enfant ! Pouvais-tu me croire ingrate envers ce pauvre César ?

ANATOLE

Quoi ! le sous-lieutenant que vous refusiez d'épouser...

AMÉLIE, montrant une lettre.

Le capitaine César arrive demain.

JULIETTE

La lettre de ce matin !... Mais le rendez-vous de tantôt...

AMELIE

Folle ! à quoi bon recommencer ?

ANATOLE, au milieu.

Mesdames, je fus, je l'avoue, bien téméraire.

AMÉLIE, avec finesse.

Oui, mais. .

JULIETTE, de même.

Pas tout seul !

ANATOLE

Si, vraiment ! et la preuve... (*Il couvre sa main de baisers.*)

AMÉLIE et JULIETTE, riant.

Ah ! ah ! par exemple !... et pourquoi ?

ANATOLE

Pour obtenir un dénouement que Madame recherchait d'une autre manière.

AMÉLIE et JULIETTE

Et alors ?...

ANATOLE

J'embrassai le faux pour avoir le vrai ; (*Au public.*) moyen que je conseillerai volontiers à tout le monde !

Rideau.

LA VISION DE CLAUDE

Monologue en vers

Par M. Paul DELAIR.

Dit par C. COQUELIN, de la Comédie-Française.

LA VISION DE CLAUDE

C'était un couple honnête et paisible entre tous,
Lui, Claude, un grand cœur simple, elle, un cœur simple et doux,
Sa Louise ; il l'avait par amour épousée,
Et leur calme union, rien ne l'avait brisée,
Bien que des jours très durs eussent été soufferts.
Les enfants survenus à tort et à travers
En accroissant la peine élevaient le courage.
Un seul oiseau pourtant restait de ce ramage,
Un beau petit garçon, gai, l'œil plein de douceur,
Qui, lorsque le jeu cesse, a des airs de penseur :
Donnant raison du reste à ces vieilles chimères
Qui veulent que les fils ressemblent à leurs mères.
Un vrai ménage en somme, amour, travail, bonheur.
La mort passa, jalouse.
                Un soir de grand labeur
Elle secoua là ses ailes, et la mère
Prit froid et ne quitta le lit, — que pour la terre.

Si c'est pour tous le deuil suprême, et si le front
Sous le poids adoré des morts souvent se rompt,
Pour l'ouvrier bien plus le veuvage est la perte.

Car la femme en partant fait la maison déserte.
Plus d'attrait au foyer que sa cendre a couvert,
Et le foyer mort, c'est le cabaret ouvert.

Claude n'avait encor bu que le vin honnête
Des dimanches ; pourtant, grand cœur et faible tête,
Il ne résistait pas à qui serrait sa main.
Quand il quittait l'enfant, morne, amer, en chemin
Des amis l'appelaient ; quelques-uns dans le nombre
L'aimaient : le mal vint d'eux.
                              « — Toujours pensif et sombre,
« Camarade ! Il se tue ! — Allons ! sois homme ! Il faut
« Te rallumer le cœur, ami, le nôtre est chaud !
« Tu n'as pas perdu tout ce qui s'aime ! Viens boire
« Aux amis, au pays, au peuple, aux jours de gloire !
« Oublie et vis. »
                        Mais lui but pour se souvenir,
Sa peine dans le vin se trouva rajeunir,
Plus chère encore sous une forme nouvelle :
Tout devient aliment pour la plaie immortelle.

Il but : L'illusion sur son front descendit.
Le noir longtemps broyé subitement fondit,
Ainsi qu'un ciel d'orage, en chauds ruisseaux limpides.
Les pleurs sont moins amers à couler si rapides,
Et dans les horizons par l'ivresse allumés,
Claude vit les beaux jours sous la tombe enfermés
Se lever, rougeoyer, rire à travers les branches ;
Il revivait alors un de ces gais dimanches
De banlieue, où, d'en haut, la couveuse Paris
Regarde de dessous ses ailes ses petits
S'évader, et lui faire une folle ceinture

De leurs fêtes où rit l'éternelle nature !
Puis il croyait rentrer, bras dessus, bras dessous,
Avec Louise au vieux et chaste rendez-vous
Où tous les soirs depuis dix ans murmure, tendre,
Le même mot toujours qu'on veut toujours entendre,
Car l'habitude, amour, au ciel de tes élus,
Allume chaque soir une étoile de plus !

Ainsi l'illusion aimée enlace Claude ;
Comment se dégager d'une étreinte aussi chaude ?
Au vin résurrecteur, à l'alcool plus puissant,
Son cœur halluciné s'accoutume à présent ;
Et comme au cabaret trop de fracas l'éveille,
Il apporte au logis la magique bouteille ;
C'est là que, tous les soirs, un tour de clef donné,
Il boit, seul, sans songer que l'enfant étonné
Regarde...
              Car l'enfant grandit. — Quelque bonne âme,
Voisine, en prend le soin que toute fleur réclame ;
Bien qu'il croisse au hasard, il est sage, il est doux.
Celui qui l'a tant fait jouer sur ses genoux
Le néglige ; le rêve, hélas, mange la vie !
Claude, à peine au travail, tourne ailleurs son envie,
La paresse le prend, la dette bientôt suit,
L'enfant a faim le jour, l'enfant a froid la nuit,
Il pâlit : et la joue est cave, et l'œil se creuse
A rendre en son cercueil sa mère malheureuse, —
Sa mère, souvenir en sa mémoire éteint ; —
Il souffre : toutefois jamais il ne se plaint ;
Seulement, quand le soir, les devoirs qu'on lui donne
Sont finis, (car l'école est venue, il raisonne
Et s'instruit) quand le père a dit : « Allons, petit,

« Dors » et qu'il a croisé ses deux bras dans son lit,
Alors, il ne dort pas, l'enfant : il guette, il rêve...

Le père boit. Il boit : il rit, pleure, se lève,
Tremble et chancelle, et parle, et son œil insensé
Sur la vision chère et terrible est fixé.
Son geste fou l'appelle, — il tombe, et s'agenouille
Au chevet de l'enfant et de ses pleurs le mouille :
« Vois donc, petit ! — la porte a glissé... la voilà !
« Vois-tu comme elle est pâle encore ! Embrasse-la !
« Elle rentre... elle a mis sa robe des dimanches...
« Elle a plein les deux mains de grosses roses blanches...
« Vois-tu comme ta mère est belle ! Vois-tu bien ! »

L'enfant se dresse, il cherche, il cherche, et ne voit rien,
Mais déjà ce regard où scintille la fièvre
Semble une flamme errant dans un gouffre, et sa lèvre
Murmure en un frisson : « Est-ce vrai qu'elle est là ? »

Le père voit une ombre et ne voit pas cela.

Un soir, le père frappe à sa porte. Il écoute :
On parle, on chante... — Holà ! c'est quelqu'ami sans doute.
Ouvre, petit ! — Personne. Il frappe, et, cette fois,
Attentif, puis stupide, il reconnaît la voix :
—Qu'est-ce donc?— Le voilà qui tremble.—Ouvre ! — La porte
Roule dans un éclat de rire...

                    Ciel ! — La morte
Était moins pâle ! C'est l'enfant, chancelant, fou,
Qui chante et rit, les yeux flottant je ne sais où,
L'écume aux lèvres...

                    Hein ! dit le père. Et livide,

Sans comprendre, il ramasse à terre un flacon vide;
Vide! Il a bu! Sinistre éclair! Il a bu tout!
Il est ivre! Ah! Dieu bon! de quoi mourir du coup!
Ivre! « Répondras-tu, démon! Qui t'a fait boire?
Dis! » — Et l'enfant bégaie, avec sa lèvre noire
Et se tait; et le père, affolé de courroux,
Près du flacon brisé le jetant à genoux,
Inerte, en deux plié tel qu'une fleur flétrie,
Lève la main : l'enfant épouvanté s'écrie,
Hagard, montrant du doigt l'horrible talisman :
— « Père, ne frappe pas! C'était pour voir maman! »

Puis il tombe; ses yeux se ferment; le délire
Comme un sarment au feu le tord et le déchire;
Et sachant que c'est lui qui le tue, ô remord!
Le père éperdûment le dispute à la mort.
Lutte! Espoirs! Désespoirs! Une femme est pourvue
De moins de patience; il a la double vue;
Soins magiques! Hélas! tous semblent superflus :
— « S'il ne vous reconnaît, ce soir, n'y comptez plus, »
A dit le médecin, hochant sa tête grave.
Claude attend...
                    Chut!... Voici sous la paupière cave
Qu'un rayon tremble, luit, se pose; et l'œil obscur
Le regarde, et calmé redevient ciel d'azur.
—« Père! »—« Mon enfant! »—C'est sa voix, musique sainte!
Claude accourt, frissonnant comme une femme enceinte.

— « Père, écoute! » Et tout bas: « Tu vois, je n'ai plus rien;
Mais toi? Cela fait mal de boire, vois-tu bien,
Père; si tu veux voir maman, — cherche autre chose! »

Lors, comme d'une fleur la fleur pareille éclose,

Claude ébloui crut voir, du visage enfantin
Trait pour trait dégagé, lui sourire, lointain
Mais ressemblant, le cher visage de la morte ;
Et serrant le petit d'une étreinte plus forte
Sur son cœur que soudain l'espoir viril gonfla :
— « Pourquoi chercher ? dit-il. Je t'embrasse : elle est là ! »

Fin.

LA PERLE FAUSSE

Comédie en un acte

Par M. Émile JOUAN.

PERSONNAGES

DES CORMIERS.

Mme GABRIELLE DE SORGUES.

M. DE SURMIÈRES.

FRANCINE, femme de chambre.

LA PERLE FAUSSE

SCÈNE PREMIÈRE

DES CORMIERS, FRANCINE. (*Elle se dispose à servir le café.*)

DES CORMIERS, se promenant de long en large
d'un air de mauvaise humeur.

Quel dîner !... un rôti en charbon, toutes les sauces
figées... (*A Francine.*) Et le café... Est-ce qu'il doit venir
aussi de Paris, lui ?

FRANCINE

Vous voyez bien que je vous le sers, Monsieur ?

DES CORMIERS

Je ne sais rien d'odieux comme l'irrégularité dans
l'heure des repas. Est-ce qu'on ne pouvait pas lui garder
son dîner, à ce petit Monsieur ?... (*Il prend son café et
souffle dessus.*)

FRANCINE

Oh ! comme vous parlez du futur de Madame !

DES CORMIERS

Je suis si agacé contre elle. Se remarier, quand on a goûté une première fois du mariage avec un magot comme le défunt... Paix à ses cendres ; mais enfin, c'était un magot. La chartreuse ?

FRANCINE, *apportant une cave à liqueurs.*

Voici, monsieur.

DES CORMIERS

Merci. (*Se versant un petit verre de liqueur.*) Comprends-tu ça, toi, qu'on se remarie ?

FRANCINE

Eh... Eh... Il y a des jours...

DES CORMIERS

Ma nièce n'a-t-elle pas avec moi tous les agréments de l'union la mieux assortie ?

FRANCINE

Oh... tous ?...

DES CORMIERS

Sans doute : Est-il un homme plus complaisant que moi pour toutes... ses...

FRANCINE

Pour toutes *vos* habitudes.

DES CORMIERS

Que peut-elle désirer de mieux ? Tous les soirs, un whist tranquille au coin du feu — où je la gagne toujours ! — mon grog à dix heures ; après quoi, on rentre

chacun chez soi, — calme, reposé... Par ci, par là, un
bal, où je ne refuse jamais de l'accompagner, quand je
n'ai pas mes rhumatismes ou ma goutte... Trouverait-
elle un caractère mieux assorti au sien ? N'a-t-elle pas
tous mes goûts ? Et elle va nous encombrer d'un
inconnu! d'un petit Monsieur qui mettra peut-être
le désarroi dans notre vie ? Pourquoi cela ? parce qu'il
est orné d'une moustache... blonde ?

FRANCINE

Je dis que vous allez encore faire manquer ce ma-
riage-là, comme vous avez fait manquer les autres.

DES CORMIERS

Tu es folle... Allons, va, je n'ai plus besoin de toi.

SCÈNE DEUXIÈME

LES MÊMES, GABRIELLE, entrant.

GABRIELLE

Francine, voyez donc : est-ce que je n'ai pas un pli
affreux dans le dos ?

FRANCINE

Oh ! Madame, vous êtes moulée.

DES CORMIERS

Parbleu ! tout le monde est moulé.

FRANCINE

Plus ou moins bien.

GABRIELLE

Ah, vous êtes là, mon oncle ?

DES CORMIERS

Où veux-tu que je sois ? Je te gêne, peut-être ?

GABRIELLE

Du tout... (*A Francine qui lui arrange les plis de sa robe.*) J'engraisse horriblement, n'est-ce pas, Francine ?

FRANCINE

Jamais Madame n'a eu la taille aussi fine.

GABRIELLE

Vrai, mon oncle ?

DES CORMIERS

Encore un peu et tu n'en auras plus.

GABRIELLE, riant en regardant son oncle.

C'est bien, Francine.

(*Francine sort.*)

SCÈNE TROISIÈME

DES CORMIERS, GABRIELLE.

DES CORMIERS, chantonnant entre ses dents.

Tu, tu, tu, tu, tu...

GABRIELLE, l'imitant.

Tu... tu, tu, tu... tu.. Ce prélude mélodieux annonce de l'orage.

DES CORMIERS

Ainsi, c'est une affaire complètement arrangée.

GABRIELLE

Quelle affaire ?

DES CORMIERS

Comme si tu en avais deux!... Ton mariage avec
M. de Surmières.

GABRIELLE, riant.

Dame... puisque j'ai essayé ma toilette de mariée...

DES CORMIERS

Oh! oui, c'est ça... La toilette... O sainte frivolité !!!
Ah ! vous êtes bien faits l'un pour l'autre.

GABRIELLE

Parce que ?

DES CORMIERS

Parce que ce joli Monsieur est aussi sérieux dans son
genre, que toi dans le tien.

GABRIELLE

C'est un des hommes les plus raisonnables que j'aie
rencontrés.

DES CORMIERS

Lui ? Sais-tu seulement pourquoi il a refusé d'épouser
mademoiselle des Granges ?

GABRIELLE

Oui... Et jamais motif plus grave n'a fait manquer un
mariage.

DES CORMIERS

Dis-le donc alors, je te défie de le dire.

GABRIELLE

Mademoiselle des Granges avait, et malheureusement elle a encore, l'œil droit plus petit que l'œil gauche.

DES CORMIERS

Calomnie !... L'œil gauche est un peu plus grand, voilà tout...

GABRIELLE

Si vous préférez cette version, j'y acquiesce.

DES CORMIERS

Et Madame de La Haye ? Hein, madame de La Haye ?

GABRIELLE

Fi, l'horreur !

DES CORMIERS

Une femme charmante.

GABRIELLE

Vous n'avez donc jamais regardé ses oreilles ?

DES CORMIERS

Est-ce qu'elle en a aussi une plus grande que l'autre ?

GABRIELLE

Et l'ourlet ?...

DES CORMIERS, étonné.

L'ourlet ?

GABRIELLE

Ses malheureuses oreilles n'en sont-elles pas complètement privées ? Plates comme la main !

DES CORMIERS

Oh ! refuser une femme parce que ses cartilages manquent d'ourlet !

GABRIELLE, tendant son oreille avec coquetterie.

Cela manque-t-il chez moi ?

DES CORMIERS

Oh ! mon Dieu, si ce n'est pas cela, c'est autre chose.

GABRIELLE, riant.

Monsieur mon oncle, je vous prie de croire que je
suis très complète... Et je suppose que M. de Surmières
est de cet avis.

DES CORMIERS

Sois tranquille, il finira bien par te trouver un défaut ;
cela viendra. Ce Monsieur me fait l'effet de t'aimer,
comme un... bibelot... Et si par malheur il y trouvait
un repeint, une fêlure... ah ! ah ! comme nous serions
vite débarrassés de lui.

GABRIELLE, riant.

Vous déraisonnez, mon excellent oncle. Il m'aime,
j'en suis sûre, et il me prendrait... cassée en petits
morceaux.

DES CORMIERS

Je ne te conseille pas de jouer ce jeu-là.

FRANCINE, annonçant.

M. de Surmières !

SCÈNE QUATRIÈME

LÉONCE DE SURMIÈRES, DES CORMIERS, GABRIELLE.

LÉONCE

Que d'excuses, Madame, d'arriver si tard !

GABRIELLE

Vous avez manqué le train ?

LÉONCE

Au contraire ; j'étais à la gare une demi-heure trop tôt.

GABRIELLE

Comment se fait-il, alors ?...

LÉONCE

Je n'ose vous le dire.

DES CORMIERS

Vous vous êtes endormi dans le wagon ?

LÉONCE

Oh! non... assoupi seulement... dans une douce rêverie... j'étais si bien, tout seul, dans mon compartiment, que j'ai poussé jusqu'à Versailles au lieu de descendre à Viroflay. Là, il m'a fallu attendre le train remontant.

GABRIELLE

Enfin, vous voilà, c'est l'important. Vous allez dîner ?

LÉONCE

C'est fait, Madame... (*Il la regarde.*) Quelle fraîche toilette, et quelles jolies couleurs la campagne met sur vos joues !

DES CORMIERS

Méfiez-vous... C'est peut-être du rouge.

GABRIELLE

Mon oncle !

LÉONCE, riant.

Laissez, laissez, je m'y connais.

GABRIELLE

Vous ne repartez pas ce soir ?

LÉONCE

Non... A moins pourtant que vous n'en décidiez autrement.

GABRIELLE

Du tout, nous vous gardons, et je vais donner un coup d'œil à votre installation. Attendez-moi ici, en compagnie de mon oncle. Il est d'une humeur charmante, ce soir.

SCÈNE CINQUIÈME

LÉONCE DE SURMIÈRES, DES CORMIERS.

LÉONCE, à des Cormiers.

Si c'est mon mariage qui vous rend si joyeux, cher Monsieur, permettez-moi de vous en remercier.

DES CORMIERS

Vous n'en doutez pas, j'espère... (*Il se frotte les mains.*) Nous disons donc que nous nageons en plein bonheur, que notre félicité est complète.

LÉONCE, riant.

Attendez encore un peu... Elle pourrait l'être davantage...

DES CORMIERS

Peuh !... Rien ne vaut la quinzaine qui précède le mariage.

LÉONCE

Si ce n'est celle qui le suit.

DES CORMIERS

Sans doute... Quand tout a marché au gré des deux parties.

LÉONCE

J'affirme qu'il en sera ainsi pour nous.

DES CORMIERS

Moi je réponds de ma nièce.

LÉONCE, vivement.

Et moi de... (*Se reprenant.*) Et moi aussi.

DES CORMIERS

Ce doit être fort désagréable de découvrir après la noce une de ces imperfections...

LÉONCE

Morales ou... physiques, vos imperfections ?

DES CORMIERS

Les deux. Tenez, moi, je ne me suis jamais marié...
Savez-vous pourquoi ?

LÉONCE, riant.

Pas encore.

DES CORMIERS

C'est bête, c'est niais, mais j'avais la conscience de
mon cas rédhibitoire et du tort qu'il m'aurait fait dans
l'esprit de ma femme.

LÉONCE

Quoi donc ?

DES CORMIERS

Je ronfle comme un basson, mon cher Monsieur ; les
yeux à peine fermés, le concert commence, c'est fatal...
Et ma fiancée savait Lamartine par cœur !

LÉONCE, riant.

Je ne ronfle pas, moi.

DES CORMIERS

Tant mieux pour vous, mais... vous avez autre chose...
On a toujours autre chose...

LÉONCE, protestant.

Pardonnez-moi... (*A part.*) Où diable veut-il en venir
avec ces insinuations ? — Est-ce qu'on l'aurait chargé de
m'apprendre .. Je suis fou ! (*Haut.*) Il y a des exceptions,
mon cher Monsieur, Madame de Sorgues est parfaite en
tous points.

DES CORMIERS

Si vous croyez me l'apprendre !...

LÉONCE

Et l'on ne peut découvrir en elle que de nouvelles qualités.

DES CORMIERS

Approuvé.

LÉONCE

Comme vous dites cela froidement !

DES CORMIERS

Ah çà, est-ce que vous croyez que j'ai les mêmes raisons que vous pour me passionner ?... (*Avec emphase.*) Ma nièce est un des chefs-d'œuvre de la nature... A côté d'elle, Cléopâtre, Phryné, la belle Hélène, ne sont que des... laiderons... En voulez-vous encore ?

LEONCE

Non... Non... C'est assez.

DES CORMIERS, allumant un cigare.

C'est heureux. Fumez-vous ?

LÉONCE

Jamais.

DES CORMIERS

C'est encore un de mes défauts, et j'y tiens beaucoup... Avez-vous remarqué qu'on tient plus à ses défauts qu'à ses qualités ? Pas chez les autres, seulement... Oh ! pas chez les autres !... Mauvais cigare !... A tout à l'heure, M. de Surmières.

SCÈNE SIXIÈME

LÉONCE, seul.

Il est singulier, ce bonhomme, il semblait vouloir me suggérer je ne sais quelle crainte ridicule sur sa nièce... Parbleu, il est certain qu'il n'y a rien d'atroce comme de découvrir trop tard qu'une taille est moins belle qu'on ne se l'était imaginé... Cependant, aujourd'hui, quand on a vu une femme au bal... Ah ! c'est égal, même après cela, il reste encore de l'inconnu à dégager... Tiens... Francine !... Je vais causer avec elle... On ne sait pas...

SCÈNE SEPTIÈME

LÉONCE DE SURMIÈRES, FRANCINE.

LÉONCE

Pourquoi Madame de Sorgues ne vient-elle pas, Francine ?

FRANCINE

Justement, Madame m'envoie dire à Monsieur de ne pas s'impatienter... L'arrangement de la chambre de Monsieur lui déplaît, et elle y met tout sens dessus dessous.

LÉONCE

C'est bien, j'attendrai.

FRANCINE, retirant les fleurs fanées des vases.

Ah ! comme les fleurs se fanent vite.

LÉONCE, *sortant un bouquet de sa poche.*

Cela me fait penser... Elles étaient si fraîches ce matin !

FRANCINE

Oui, un jour c'est un siècle pour elles... Et c'est pour ça que c'est malhonnête de leur comparer les femmes !

LÉONCE

Vous durez plus longtemps, heureusement.

FRANCINE

Grâce à la toilette et au maquillage, notre jeunesse arrive généralement à un âge assez avancé.

LÉONCE

Oui, mais on ne trompe pas... sa femme de chambre...

FRANCINE

Oh non !... Et si l'on disait tout ce que l'on sait !... Je ne parle pas pour Madame... C'est la perfection même.

LÉONCE

Sans restriction... aucune ?... Oh ! elle sacrifie bien à la mode... un peu ?... Comme tout le monde ?...

FRANCINE

Bien peu...

LÉONCE, *souriant.*

Ces magnifiques cheveux... ne sont pas tous à elle ?...

FRANCINE

Ah Monsieur, s'ils étaient tous vrais, ce serait une infirmité !

LÉONCE, riant.

Intolérable !... Elle met un peu de rouge, quand elle va dans le monde ?

FRANCINE

Jamais.

LÉONCE

Du blanc ?... Nécessairement.

FRANCINE

Pas davantage. Les couleurs de Madame sont bon teint.

LÉONCE

Oh ! je n'en doute pas. Ce que j'en dis...

FRANCINE, à part.

S'il en est si sûr que ça, pourquoi le demande-t-il ?...

LÉONCE

Quant à sa taille, elle ne laisse rien à désirer ?...

FRANCINE

Absolument rien. (*A part.*) Ah çà, mais où s'arrêtera-t-il ?

LÉONCE

Elle chausserait la pantoufle de Cendrillon.

FRANCINE, riant.

Elle y mettrait ses deux pieds, Monsieur. (*A part.*)

Décidément, c'est un interrogatoire. Il mériterait d'être
puni...

LÉONCE

Ses dents, je n'en parle pas... ce sont de vraies perles.

FRANCINE, à part.

Attends un peu... (*Haut avec hésitation.*) Ou...i.

LÉONCE, à part.

Diable ! (*Haut.*) Sauf... hein ?...

FRANCINE, avec un air confus.

Monsieur sait bien...

LÉONCE

Oui... au fond ?...

FRANCINE, à part.

Il plaide le faux pour savoir le vrai... (*Montrant une
dent de devant.*) Là... là...

LÉONCE

Oui... c'est vrai... j'avais oublié.

FRANCINE, à part.

C'est qu'il le croit, pourtant... Attrape ! (*Haut.*) J'emporte mon fourrage. (*Elle prend les fleurs. A part.*) Et je
vais conter tout cela à Madame...

SCÈNE HUITIÈME

LÉONCE, seul, se promenant avec agitation.

Stupide curiosité! Quel besoin avais-je d'interroger cette fille?... J'aurais toujours fini par m'apercevoir du désastre. Mais à quoi cela me sert-il de le savoir d'avance ? A m'attrister, voilà tout. Ainsi, ce sourire adorable... n'est pas complet !... Il y manque... Il y manque... Parbleu... Je sais bien ce qu'il y manque! Il faut croire que le sinistre est récent, car la dernière fois que je suis venu ici, je me souviens parfaitement qu'elle a ri... sans les petites précautions que prennent d'ordinaire les personnes... dans sa position... La voici... Ah ! il faut que je sache...

SCÈNE NEUVIÈME

LÉONCE DE SURMIÈRES, GABRIELLE.

GABRIELLE, à part, en entrant.

Ah ! M. de Surmières, vous allez aux renseignements auprès des femmes de chambre ! Nous allons les compléter. (*Haut.*) Je vous ai fait bien attendre, mais figurez-vous que tout était en désarroi dans votre chambre... A quoi pensiez-vous là, tout seul ?

LÉONCE

Ai-je besoin de répondre ?

GABRIELLE

Et de quelle nature étaient vos réflexions ?

LÉONCE

Souriantes et gracieuses... comme celle qui les inspirait. (*A part.*) Il faut absolument que j'en aie le cœur net. (*Haut.*) Votre oncle m'a paru un peu... aigrelet à l'endroit de notre mariage.

GABRIELLE

C'est un vieil enfant gâté qui craint la présence d'un tiers dans la maison.

LÉONCE, à part.

Comme elle parle en serrant les lèvres... Si je pouvais la faire rire !... (*Haut.*) Il s'habituera à ma présence. Oh ! j'en ai apprivoisé de plus farouches.

GABRIELLE

Vraiment ?

LÉONCE

Je ne vous ai jamais conté ce qui m'est arrivé à mon retour de Trouville ?

GABRIELLE

Jamais.

LÉONCE

C'est extrêmement drôle.

GABRIELLE, sérieusement.

Allez ; j'en ris d'avance.

LÉONCE

Au moment de monter en wagon, j'avise un compartiment vide et je m'y précipite.

GABRIELLE

Jusque-là, rien que de très simple.

LÉONCE, cherchant à être très gai.

Oui, mais voici que les choses se compliquent ! Une dame... respectable y occupait un coin avant moi. A ma vue, elle fronce le sourcil et me lance des regards féroces. Sans m'en occuper le moins du monde, je m'installe, je place mes bagages de main dans le filet et je tire un journal de ma poche. Ma vieille compagne me demande alors si je compte rester dans le compartiment. Je lui réponds que j'y suis monté pour cela. — Vous n'en avez pas le droit, Monsieur. — Et pourquoi donc, Madame ? — Parce que vous êtes ici dans le compartiment des dames, et que je vous somme d'en descendre à l'instant. Remarquez que le train filait à toute vitesse... *(A part.)* Est-ce du côté droit, ou du côté gauche ?... Ce doit être à droite. *(Il passe sans affectation de l'autre côté de Gabrielle.)*

GABRIELLE

Alors ?

LÉONCE, de plus en plus gai.

Alors je m'excuse naturellement de ma distraction ; mais l'ennemi ne veut rien entendre et insiste pour mon expulsion immédiate. Elle parle de briser le carreau de la sonnette d'alarme... *(A part.)* Ce n'est pas drôle du tout. *(Haut.)* La discussion s'envenime et... et je lui déclare que je... suis prêt à me venger d'une façon terrible...

GABRIELLE, souriant sans entr'ouvrir les lèvres.

Ah mon Dieu !

LÉONCE, à part.

Ça commence... (*Haut.*) Et je m'écrie : Si vous me faites descendre à la station, je dénonce votre roquet !

GABRIELLE

Ah, elle avait un...

LÉONCE

Caché dans un panier. Je venais heureusement de l'apercevoir. (*A part.*) Mon histoire est horriblement plate, forçons la note. (*Haut.*) C'est drôle, n'est-ce pas ?...

GABRIELLE, froidement.

Très drôle. (*Elle s'assied et prend sa tapisserie.*)

LÉONCE, à part.

Ah mais non... Et puis ça doit être du côté gauche... (*Il repasse de l'autre côté de Gabrielle.*)

GABRIELLE, la tête penchée sur sa tapisserie.

Alors ?

LÉONCE

Alors, alors... (*A part.*) Je ne verrai rien ainsi, même si je parvenais à la faire rire... (*Haut.*) On eût dit que le roquet avait entendu. Il jappe, il glapit, il hurle... s'élance... et se jette sur mes mollets... Ça devient drôle, n'est-ce pas ?...

GABRIELLE

Grave plutôt...

LÉONCE, *vivement.*

Ah mais non !... (*A part.*) Mon but n'est pourtant pas
de l'attrister... (*Haut.*) Alors, je saisis d'une main vigou-
reuse le bichon, j'ouvre la portière...

GABRIELLE, *se levant brusquement.*

Ah ! quelle cruauté !

LÉONCE

Attendez !... C'est très drôle...

GABRIELLE, *froidement.*

Voyons.

LÉONCE

J'étends le bras avec l'animal au bout... Et la
vieille dame tombe en pâmoison... Cela vous aurait fait
rire...

GABRIELLE

Vous me le dites, je le crois...

LÉONCE, *avec une colère concentrée.*

Mon histoire est idiote... Je suis persuadé qu'intérieu-
rement vous vous moquez de moi...

GABRIELLE, *riant, en tournant le dos à Léonce.*

Oh quelle idée !...

LÉONCE, *passant vivement de l'autre côté de Gabrielle.*

Là ! voyez-vous, j'en étais sûr !

GABRIELLE, se retournant de l'autre côté.

C'est vous qui me faites rire à tourner ainsi autour de moi.

LÉONCE

Non, non... Il y a autre chose...

GABRIELLE, à part.

Oh oui! Il y a autre chose! (*Elle éclate d'un rire fou en se cachant la figure dans son mouchoir.*)

LÉONCE, à part.

Il est écrit que je ne verrai rien.

GABRIELLE, riant toujours.

Ah!... ah!... ah!...

LÉONCE

Allez, allez.... à votre aise.

GABRIELLE

Ah!... ah!... ah!...

LÉONCE

Mais vous allez vous étouffer à rire ainsi dans votre mouchoir. (*Nouveaux rires de Gabrielle qui finit par se calmer subitement en regardant Léonce en face.*)

GABRIELLE, voyant entrer Francine.

Que nous veut Francine?

SCÈNE DIXIÈME

LES MÊMES, FRANCINE.

FRANCINE

Madame, voici le collier que renvoie le bijoutier. Il prétend qu'une des perles est fausse. (*Mouvement de Léonce.*)

GABRIELLE

C'est impossible : je l'ai acheté de confiance.

LÉONCE

De confiance... Oui, c'est toujours comme cela.

GABRIELLE

Eh bien, j'en serai quitte pour en faire remettre une autre.

LÉONCE, répétant avec mélancolie.

En faire remettre une autre...

GABRIELLE

Le commis est-il encore là ?... Je vais lui parler.

(Elle sort.)

SCÈNE ONZIÈME

LÉONCE, rêveur.

C'est certain... Il y a une perle fausse dans le collier... (*Avec un soupir.*) J'aurai une femme qui ne sourira que

de profil... (*Avec un autre soupir.*) Je m'y ferai... Je sens
que je m'y ferai !...

SCÈNE DOUZIÈME

LES MÊMES , DES CORMIERS.

DES CORMIERS à Léonce.

Vous attendiez Madame de Sorgues?... Elle se trouve...
un peu fatiguée... et elle va se mettre au lit.

LÉONCE

Souffrante ?... Comment... mais elle était si gaie, elle
me quitte à l'instant.

DES CORMIERS, soucieux.

Justement... ses accès de gaieté réagissent toujours
sur son organisme délicat...

LÉONCE

Délicat ?... mais elle me semble douée au contraire...

DES CORMIERS

Comme toutes les personnes nerveuses... qui se...
surexcitent... car elle est très, très nerveuse, ma nièce...
excessivement... impressionnable... (*Prenant un air
confidentiel.*) Elle a bien dû vous le dire...

LÉONCE

Non... jamais... (*A part.*) Ah çà, y aurait-il encore
autre chose ? (*Haut.*) Mais cela n'influe en rien sur sa
santé ?...

DES CORMIERS

Oh, pas du tout... Ce n'est qu'une affaire de surveillance... Et vous serez là... car ce n'est guère que la nuit...

LÉONCE, à part.

Ont-ils peur qu'elle ne se perde...

DES CORMIERS

Avant tout, vous devez vous garder de la réveiller brusquement.

LÉONCE

Soyez tranquille, je connais les égards que l'on doit à une femme.

DES CORMIERS

Ah, c'est que... quand on n'a pas l'habitude...

LÉONCE

Je m'y ferai... très vite...

DES CORMIERS

Elle apporte à ces sortes d'exercices... l'adresse d'un chat...

LÉONCE

Vous avez dit ?...

DES CORMIERS

Et à part le danger de courir sur les toits...

LÉONCE

Comment, ma fiancée !...

DES CORMIERS

Ah dame !... les somnambules !... Au reste, les accès deviennent de moins en moins fréquents... Et le docteur assure que le mariage... Il regarde sa montre. Hé ! mais... il se fait tard !...

LÉONCE, tombant accablé sur un fauteuil.

Somnambule !

DES CORMIERS, sans s'en apercevoir.

Vous allez vous coucher ?... Je ne pense pas que vous revoyiez madame de Sorgues ce soir...

LÉONCE, toujours accablé.

Non... non... je n'ai pas envie de dormir.

DES CORMIERS

Je tombe de sommeil... Vous permettez que je vous laisse ?

LÉONCE

Faites donc, je vous prie.

DES CORMIERS, lui tendant la main.

A demain donc, cher ami. (*A part.*) Toi, si tu digères celle-là, je consens à t'appeler mon neveu.

SCÈNE TREIZIÈME

LÉONCE, seul.

Les tuiles se succèdent avec une rapidité effrayante...
La voilà somnambule, à présent!... D'un côté, je l'a-
dore... oui, mais une femme qui court les... gouttières
la nuit... Jamais!... C'est aujourd'hui dimanche, il y
a encore un train... Il n'est que dix heures!... Partons!... Ah! seulement, un mot pour lui expliquer...
(*Il va à une table, s'assied, et écrit.*) « Madame, certaines
révélations... me faisant craindre de ne pas être à .. la
hauteur de ma mission d'époux... pardonnez-moi de renoncer à ce titre... j'emporte un cœur déchiré... adieu...
pour... » (*S'arrêtant, et la main sur son front.*) Quel
triste mot! (*Se remettant à écrire.*) « pour toujours!... »
(*Il se lève et se rassied plusieurs fois. Haut.*) Non!
décidément, quoi qu'il m'en coûte... Partons!... (*Il sort.*)

SCÈNE QUATORZIÈME

DES CORMIERS, GABRIELLE, FRANCINE.

FRANCINE, entr'ouvrant doucement la porte.

Il est parti.

DES CORMIERS

Bon voyage! (*A Gabrielle qui est entrée.*) Je te l'avais
bien dit qu'à la première épreuve...

GABRIELLE

Oh! tout n'est pas fini...

DES CORMIERS

Je sens qu'il ne reviendra pas.

FRANCINE

Il a laissé une lettre sur la cheminée.

GABRIELLE

Donne. (*Elle lit. Tendant la lettre à son oncle.*) C'est un congé définitif.

DES CORMIERS

Je l'aurais parié.

GABRIELLE

Francine, une enveloppe. (*Elle met la lettre qu'elle vient de lire dans sa poche, glisse une feuille de papier blanc dans l'enveloppe que lui présente Francine, et écrit.*)

DES CORMIERS

Que fais-tu là ?

GABRIELLE, montrant la suscription.

Hein ? Comme c'est imité ? (*Elle pose l'enveloppe sur la cheminée.*)

DES CORMIERS

Dans quel but ?

GABRIELLE

Il va venir pour reprendre sa lettre, et il ne faut pas qu'il se doute que je l'ai lue.

DES CORMIERS

Ah ! tu persistes à croire qu'il reviendra ! Les femmes
ne doutent de rien, parole d'honneur !

GABRIELLE, montrant la porte-fenêtre.

C'est que les hommes ne leur en donnent pas le temps...
Allons, venez mon oncle... (*A Francine.*) Amuse-le un
instant pendant que je vais me mettre en mesure de compléter la leçon... Allons, allons, mon oncle... Il ne faut
pas qu'il vous retrouve. Toi, Francine, reste ici à ton
poste jusqu'à ce que tu m'aies entendu sonner.

SCÈNE QUINZIÈME

FRANCINE, puis LÉONCE.

FRANCINE, regardant au dehors.

C'est pourtant vrai, qu'il revient... (*Prenant la lettre
et la mettant dans sa poche.*) Eh bien, je vais le taquiner
un peu... cherchez, mon beau Monsieur...

LÉONCE, à part, en entrant.

Je trouve ma lettre un peu... froide... je voudrais au
moins en adoucir les termes... car enfin... je l'ai aimée...
je l'aime toujours !... Ah !... Francine !...

FRANCINE, qui s'est placée le dos devant la cheminée.

Monsieur cherche quelque chose ?...

LÉONCE

Oh... non... Voulez-vous me donner le journal ?...

(*A part.*) Pour reprendre ma lettre... cette fille qui justement est devant...

FRANCINE, sans se déranger.

Il est sur la table, devant monsieur.

LÉONCE

C'est vrai... merci... (*A part.*) Il faut pourtant que je sache si elle est toujours là... (*Il se dirige vers la cheminée.*)

FRANCINE, lui faisant face à droite et à gauche, et l'empêchant de
voir si la lettre est toujours à sa place.

Monsieur cherche quelque chose ?...

LÉONCE

Non... c'est-à-dire... oui... des ciseaux pour me couper un ongle que je viens de casser...

FRANCINE

Toujours sur la table, monsieur.

LÉONCE, impatienté.

Dérangez-vous un peu, mon enfant... Vous m'empêchez de voir l'heure...

FRANCINE

Onze heures viennent de sonner, Monsieur.

LÉONCE

Mais laissez-moi donc regarder !... (*Il la prend par les épaules, et lui fait quitter la place. A part.*) La lettre n'y est plus !... (*Haut.*) Francine, il y avait là, tout à l'heure, une lettre...

FRANCINE

Oui, monsieur, oui...

LÉONCE

C'est que je la... voudrais...

FRANCINE

Ah! pas possible, Monsieur!...

LÉONCE

Tu l'as donc remise ?...

FRANCINE

(*Elle fait signe que oui.*)

LÉONCE, avec découragement.

Allons, je n'ai plus qu'à m'en aller.

FRANCINE

(*A part.*) Oh, mais non! (*Elle pousse un petit cri, après avoir cherché dans son tablier.*) Ah!... c'est singulier... la voici.

LÉONCE

Donne!... mais donne donc!

FRANCINE, regardant l'enveloppe.

C'est que je veux être bien sûre... que c'est celle de Monsieur... (*A part.*) On sonne!... Je me sauve!... (*Haut.*) Oui... Tenez, monsieur...

SCÈNE SEIZIÈME

LÉONCE DE SURMIÈRES, puis GABRIELLE.

LÉONCE

Ah, je respire !... j'aurais été trop malheureux, si... Le baron a certainement exagéré... je ne crois pas à ces... promenades nocturnes... et quant à la perle absente. le collier est encore fort beau... (*Il s'arrête en voyant Gabrielle en peignoir blanc, les cheveux épars, passer sur la terrasse du fond, un bougeoir à la main, marchant d'un pas automatique.*) Ah! mon Dieu !... Est-ce qu'elle va commencer son ascension !... (*Il se dirige vers elle qui semble ne pas l'apercevoir.*) C'est cela... elle dort... mais on dit que c'est dangereux de les réveiller... que faire ?...

GABRIELLE, s'approchant de la fenêtre, se penche.

(*Appelant.*) Léonce !

LÉONCE, se précipitant.

Me voilà !... (*A voix basse.*) Pauvre ange !...

GABRIELLE, feignant de parler en rêve, et s'appuyant à la rampe
de la terrasse comme si elle voulait l'escalader.

Léonce, venez-vous ?... J'ai la tête brûlante... l'air pur des sommets me fera du bien...

LÉONCE, s'élançant vers elle.

Mais je ne veux pas !... je la suivrais plutôt !...

GABRIELLE, toujours parlant comme en rêve.

On m'avait dit que vous vouliez m'abandonner pour une malheureuse... petite... oh, je sais bien qu'ils me trompaient... n'est-ce pas?...

LÉONCE, à part.

Comme elle m'aime !

GABRIELLE

Venez, ami, la nuit est belle ; ah ! comme j'ai toujours envié ces courses aériennes. (*Elle avance un tabouret et y monte comme pour gagner l'appui de la fenêtre. Se retournant vers Léonce.*) Passez devant !

LÉONCE

Sapristi !... (*Passant rapidement devant elle.*) Je ne peux pourtant pas... ni la laisser non plus... Je la suivrais plutôt... On dit bien qu'ils ont le pied très sûr... Mais non, jamais... je n'aurai le courage de la laisser aller seule sur les toits !

GABRIELLE, se retournant en souriant.

Eh bien, partons-nous ?

LÉONCE

Oui... Oui... Ah ! si je l'épouse... Eh ! bien, j'apprendrai la gymnastique... mais une idée... (*Il passe rapidement et ferme la fenêtre avec bruit.*) Là, sans la toucher.

GABRIELLE, tressaillant et comme réveillée brusquement
d'un profond étonnement.

Où suis-je ? (*Elle regarde son peignoir blanc.*) Que s'est-il passé ? Ah ! malheureuse, je devine... Et moi qui me croyais guérie !... M. de Surmières... une telle infirmité... Notre mariage est impossible...

LÉONCE, avec feu.

Ne dites pas cela !... Je vous aime... Je vous guérirai... Je ne vous quitterai pas d'un instant... (*Avec animation.*) Je ferai du trapèze, je... (*A part.*) Elle est ravissante dans ce peignoir blanc ! Et comme elle m'aime !

GABRIELLE

Alors... pourquoi m'aviez-vous écrit que vous renonciez à moi ?

LÉONCE, embarrassé.

Comment ?... moi... Jamais !...

GABRIELLE, montrant la cheminée.

Pourtant... la lettre qui était là...

LÉONCE, toujours embarrassé.

Ne contenait que des choses indifférentes...

GABRIELLE

A votre tour, mon ami... est-ce que vous auriez un accès... de rêve?

LÉONCE

Mais cette lettre, je l'ai là, dans ma poche. (*Lui montrant l'enveloppe.*) La voici.

GABRIELLE, lui montrant sa lettre.

La voici.

LÉONCE, même jeu.

Mais ceci ?...

GABRIELLE

C'est celle que je vous ai répondu.

LÉONCE

Et moi qui ne l'ai pas lue ! (*Il ouvre l'enveloppe.*) Ah ! comment... rien ? Comme vous vous êtes moquée de moi !

GABRIELLE, riant.

Ah !... ah !... ah... Il m'est impossible de ne pas rire !... Avouez que je joue bien les somnambules !... Ah ! ah !... ah !... Mais regardez-moi bien en face !... Oui, je ris... à votre nez !... Avec mes trente-deux dents ! Oui, Monsieur, et pas trente et une... comme vous avez eu l'impertinence...

LÉONCE, confus.

Vous conviendrez au moins que rien ne m'arrêtait...

GABRIELLE, montrant la lettre.

Vous vous y êtes repris à deux fois.

LÉONCE, tendrement.

Est-ce que vous ne ferez pas grâce ?... En faveur de... (*Il montre la fenêtre et fait mine de l'escalader.*) Vous avez vu, j'étais prêt à tout... même à prendre des leçons...

GABRIELLE

Il y a plus de joie au ciel pour un pécheur repentant... (*Elle lui tend la main.*) Vous savez le reste...

LÉONCE, lui embrassant les mains.

Ah ! je suis le plus heureux des hommes...

SCÈNE DIX-SEPTIÈME

LES MÊMES, DES CORMIERS, FRANCINE.

DES CORMIERS

Oui, mais gare les accès de somnambulisme !

LÉONCE

Méchant railleur ! Ah ! si vous n'alliez pas devenir mon oncle. (*A Francine.*) Et Mademoiselle, qui en était aussi !...

FRANCINE

J'exécutais mes ordres, Monsieur.

DES CORMIERS

Avec tout cela, il est près de minuit... Si nous allions nous coucher sérieusement.

LÉONCE

Je n'ai pas envie de dormir, moi.

GABRIELLE

Ni moi non plus.

DES CORMIERS

Vous rêverez tout éveillés.

LÉONCE, regardant Gabrielle.

Et c'est la meilleure manière... on fait ses rêves soi-même.

Fin.

TABLE

—